ANYTHING YOU WANT

エニシング・ユー・ウォント

A New Kind of

eneur

すぐれたビジネスはシンプルに表せる

CDベイビー創業者

デレク・シヴァーズ

児島修 訳

東洋経済新報社

セス・ゴーディンに捧ぐ

彼の後押しがなければ、この本は存在しなかった

Anything You Want: 40 Lessons for A New Kind of Entrepreneur (3rd edition)
by Derek Sivers

Published by special arrangement with Sivers, Inc.
in conjunction with their duly appointed agent
2 Seas Literary Agency and co-agent Tuttle-Mori Agency, Inc.

日本の読者へ

なぜこの本を書いたか

僕はもともと、本を書くつもりはなかった。書いてほしいと頼まれても、いつも断っていた。自分のウェブサイトに記事を書くだけで満足だった。

ところがあるとき、僕のヒーローである作家のセス・ゴーディンから電話があった。新しい出版社を立ち上げるので、最初に刊行する本の著者になってほしいと言われた。もちろん、二つ返事で承諾した。

セスからは、短く、マニフェストのような本を書いてほしいという注文があった。そこで僕はこの本を11日間で一気に書き上げ、そのまま原稿を渡した。『Anything You Want』というタイトルを決めたのは彼だ。

この本はアマゾンのカテゴリー1位を獲得し、その4年後にペンギン・ポートフォリオ社から復刊された。現在も売れ続けていて、多くの起業家に影響を与えている。

この本には、自分にとって当たり前のことを書いただけだ。だから、それが熱狂的に受け入れられたのには正直驚いた。でも、自分にとっては当たり前のことでも、他人にとっては驚くべきということもある。

10年後、この本に加筆修正し、書き忘れていた重要な章を8つ追加した。こうして、48の教えから成る、ベストかつ最終のバージョン（あなたが今、手にしている本だ）が完成した。

この本への反響について

意外にも、この本はビジネスの経験が豊富な人から受けが良かった。「忘れかけていた初心を思い出させてくれる」ということらしい。

経験の浅い起業家からも、ベテランの起業家からも、「基本に立ち返るのに役立つ」という感想が寄せられた。特に、次の2点の大切さをあらためて実感できるのだという。

1 **起業の究極の目的は幸福だ** 利益やサービスの追求さえも、突き詰めればそれは自分や顧客を幸せにするためのもの。だから、幸福を最優先させよう。たとえそのことで利益が減ったとしても、自分と顧客を幸せにすることをビジネスの中心に据えること(日本の中小企業の一部はすでにこれをうまくやっている)。

2 **他人の真似などいらない** 自分の会社では、自分で自由にルールをつくれる。思いどおりに夢を叶え、小さなユートピアを創造できる。他の企業がしていることは無視して、自分にとって理想的な世界はどのようなものかを考えよう。

CDベイビーを売却したあとで

僕は決して「リタイアした」と自称するつもりはなかった。でも、そう言わなければならない状況になったことがある。

イギリスに入国しようとしたとき、審査官から、密かに仕事をしに来たのではないかと疑われ、あやうく入国を拒否されそうになった。

僕がしぶしぶ「自分の会社を２２００万ドルで売却したので、二度と働く必要はないんです」と伝えると、審査官は「なぜ最初からそう言わないんですか？　これからは最初から、リタイアしていると申告してください」と言った。

たしかに、政府の観点からすれば、お金のために働く必要がない僕は、リタイアした人間ということになる。

でも、僕に言わせればそれは違う。僕はずっと同じことをしてきただけだ。つまり、自分がその時点で、一番興味のあることをしている。

これまでだって、お金のためだけに働いたことはなかった。お金は常に二の次だった。それは、車の総走行距離を示すオドメーター上の数字みたいなものだ。

今を生きるうえで大事なものは？

友人だ。友人はあなたの過ちを許してくれる。恋人や配偶者も、長くつき合っていけば最終的には友人同士のような関係になる。だから、友人関係を優先すべきだ。友情の価値を真剣に考えること。意識して友人をつくり、友情を育もう。

たとえお金がなくても、健康に問題を抱えていても、友人がたくさんいれば幸せになれる。

いくらお金があって健康でも、友人がいなければ幸せになれない。

友人が一番大切だ。

訳者はしがき

本書は、２０１１年にアメリカで刊行された『Anything You Want』の邦訳である。翻訳には、著者が最終バージョンと呼ぶ２０２２年の改訂版を利用した。

著者のデレク・シヴァーズは、オンラインの音楽配信サイト「ＣＤベイビー」の創業者として注目を集めた人物であり、プロミュージシャンという異色の経歴を持っている。彼は、半ば趣味として始めたＣＤベイビーを、類いまれなるビジネスの才覚を発揮して大成功させ、時代の寵児となった。

１９９８年にＣＤベイビーを創業してから同社を２２００万ドル（２０２４年のレートで約33億円）で売却するまでの10年間のジェットコースターのような経験が、「１時間で読めるように」という意図の下、コンパクトに書かれている。

２０１１年に本書がアメリカで刊行されるとたちまち熱狂的な支持を受け、現在に至るまで、大勢の人々のビジネス哲学や人生哲学に影響を与えてきた（この原稿を書いている時点でのアマゾンドットコムのレビュー数は合計で5000件以上、平均ポイントは4・7と、極めて高く評価されている）。

シヴァーズは1969年生まれ。プロのミュージシャンとして生計を立てていたが、自分のCDをオンラインで販売してくれる業者がどこにもいなかったため、「それなら自分でCDを販売してやろう」と思いついた。

独学でプログラミングを学び、CDを販売するサイトをつくった。それが評判を呼び、「君のサイトで自分のCDも販売してほしい」という他のミュージシャンが殺到した。それがCDベイビー誕生のきっかけとなった。

もともとミュージシャンとしてうまくやっていた彼は、ビジネスをしようとはつゆほども思っておらず、CDベイビーを大きくしたいとも思っていなかった。

ところがドットコムブームの勢いにも乗って同社は急成長。「仲間のミュージシャンの役に立ちたい」という思いから経営者としての仕事に没頭するようになり、起業家が直面する様々な問題にぶちあたるようになっていく。

そんな彼が、ビジネスの世界の常識や慣習にとらわれることなく、自由で柔軟な発想で試行錯誤を繰り返し、数々の失敗を通じて学び、道を切り開いていく様子が、本書にはあますところなく記されている。

「顧客を第一に考える」「起業の目的は相手や自分をハッピーにすること」といったシンプルな考え方に貫かれたシヴァーズのメッセージは、色褪せることはなく、明確な指針が見えにくい今だからこそ求められるとも言える。

必ずや、あなたのビジネスや人生に役立つ、価値あるヒントが得られるはずだ。まずはさっそくこのまま本文へと読み進み、シヴァーズの真髄と呼べる本書の世界をぜひ堪能していただきたい。

目次

10年分の経験を1時間で

1998年から2008年にかけて、僕はとてつもなくワイルドな経験をした。ちょっとした趣味として始めたことを、偶然にも大きなビジネスに成長させ、それを2200万ドルで売却したのだ。

周りの人は僕の話を聞きたがり、「いったい、どんなことを体験したの？」と尋ねてくる。僕は、自分の身に起こったことを正直に話す。

そのほとんどは、失敗に関するものだ。僕はこの10年のあいだに、ひどい間違いをいくつも犯した。

「自分が今置かれている人生や仕事の状況に、どう向き合えばいい？」というアドバイスを求められることも多い。

僕は自分の物ごとのやり方を説明する。でも、それはあくまでもひとつのやり方にすぎない。僕は、それとは逆のやり方を擁護することだってできる。

つまり僕は、「誰もが僕のようになるべきだ」なんて言いたいんじゃない。そもそも、僕にはかなり風変わりなところがある。

だからこそなおさら、僕に合う方法が、あなたにも合うとは限らない。

とはいえ、かなりの数の人たちが、僕の人生の物語と、その経験から得られた哲学には、語るべき価値があると考えてくれた。だから、僕はこの本を書いた。

この本は、僕が10年間をかけて学んだことのエッセンスを、1時間で読めるようにコンパクトにまとめたものだ。

この本で紹介するアイデアが、みなさんの日常生活や仕事に役立つものになることを願っている。同時に、「それは同意できない」という反対意見も持ってもらいたい。

そう思ったときは、ぜひメールであなたの考えを知らせてほしい。それこそ、僕がこの本を書くにあたって、何よりも楽しみにしていることだから。

（僕は今でも学び続けている。すべてをマスターした達人ではない）

何を羅針盤(コンパス)にするか？

深く理由を考えることなく、惰性で生きている人は多い。

ただ他人の真似をし、流されるままに生き、自分で道を切り開かずに、誰かが敷いたレールの上を進もうとする。

それが本当の幸せにつながっていないことに無自覚のまま、「誰かがそう言っていたから」という理由だけで、借り物の人生に何十年もの時間を費やしてしまう。

「つまらない考えにとらわれず、夢を追い求めて、自分が本当に望むような生き方をすればよかった。たった一度の人生を無駄にしてしまった」

いつか死の床についたとき、そんな後悔の念に駆られるのは残念なことだ。

だからこそ、何をすれば幸せになれるのか、人生でする価値があることは何かについて、自分の考えをよく整理しておかなければならない。

この本ではこれから、僕がスモールビジネスを立ち上げ、成長させることに費やした10年間に育んだ哲学を語っていく。

そこにはいくつかの共通したテーマがある。主なものをここに紹介しよう。

●「ビジネス＝お金」ではない。ビジネスで一番大切なのは、他者や自分にとっての夢を実現すること。
●起業は、自分を成長させながら世界をより良い場所に変えていくための、すばらしい方法になる。
●会社をつくるとは、ユートピアをつくること。そこでは、理想の世界をデザインできる。
●決してお金のためだけに何かをしてはいけない。
●自分の利益ばかりに目を向けず、誰かの役に立つことを考えるべき。
●成功とは、改善と発明を繰り返すことによってもたらされる。うまくいかないことを繰り返してもたらされるのではない。
●事業計画どおりには物ごとは進まない。世の中の本当のニーズは、実際にビジネスを始めるまでわからない。

- お金がない状態からビジネスを始めることには利点もある。誰かを助け始めるのに、資金はいらない。
- あらゆる人を喜ばせることはできない。堂々と対象を絞ろう。
- 自分がいなくてもビジネスが回るようにしよう。
- 何をするにせよ、本当の目的は幸せになること。ハッピーになれることだけしよう。

これらの言葉は、何を意味しているのだろう？　どんな文脈で語られたものなのか？どうやって読者それぞれの状況に当てはめればいいのか？

僕は、自分の話をするのはあまり好きじゃない。でも、僕が学んできた教訓をみなさんにより良く理解してもらうためには、自分の体験を話さなければならない。

では、さっそく始めよう。

自分のCDを売りたかっただけ

物語は1997年に始まる。僕は27歳のプロのミュージシャンで、音楽の仕事だけで生計を立てていた。

アメリカやヨーロッパで多くのライブを行い、他のミュージシャンのレコードをプロデュースし、スタジオミュージシャンとしても働き、小さなレコーディング・スタジオを経営していた。とあるサーカスのミュージシャン兼司会者でもあった。

銀行口座にはいつもたいした額はなかったけれど、空になることはなかった。ニューヨーク州のウッドストックに家も買った。それくらいのお金は稼げていた。

僕はまさに、ミュージシャンにとっての夢の人生を生きていた。

自分の曲をCDにして、コンサート会場で販売した。通算で1500枚売れた。ネットでも売りたかったけど、当時は、インディーズの楽曲をオンラインで販売してくれる業者は皆無だった。本当に1社もなかった。

大手のオンラインのレコード・ストアに電話しても、答えはどこも同じ。「オンライン・ストアでCDを売りたいのなら、大手の流通業者（ディストリビューター）を通すこと」

音楽の流通ビジネスはとにかく厄介な世界だ。流通の契約を結ぶのは、レコード制作の契約を結ぶのと同じくらい難しい。

流通業者は、販売用に何千枚ものCDを受け取るが、その対価の支払いは、ようやく1年後になってから。

潤沢な資金のある大手のレコード会社は、プロモーション用の高額な広告枠を買える。でもそうでない弱小会社は、ゴミのような扱いを受ける。おまけに、最初の数カ月の売れ行きが悪ければ、システムから叩き出されてしまう。

流通業者が極悪非道なことをしていたというわけではない。ただ、とにかく業界全体の仕組みがひどかったのだ。

僕は、そんな業界のシステムに関わりたくなかった。だから、大手のオンライン・レコード・ストアから門前払いを食らったとき、とっさにこう考えた。

「上等じゃないか。自分のオンライン・ストアを立ち上げてやる。大したことはないはずだ」

だがそれは、実際にはとてつもなく大変だった。

1997年当時、オンラインの決済サービスを提供するペイパルはまだ存在していなかった。だから、まずはカード決済を可能にするために、クレジットカードのマーチャント・アカウントを取得しなければならなかった。

それには設定料として1000ドルが必要で、事務手続きに3カ月もかかった。僕がまともなビジネスをしているかどうかを確認するために、銀行から担当者がわざわざやって来たくらいだ。

それから、ウェブサイト上に表示されるショッピングカートのつくり方も学ばなければならなかった。プログラミングについてはずぶの素人だったので、本を見て、そこに書いてあるコードをコピーしながら、見よう見まねで試行錯誤を重ねていった。

そして、ついにウェブサイトに「Buy Now（今すぐ購入）」ボタンが表示された！　1

997年当時、それは大きな出来事だった。

ミュージシャン仲間に「Buy Now」ボタンのことを話すと、ある友人から、「俺のCDも売ってくれないか？」と頼まれた。

僕は少しだけ考えて、「いいよ、問題ない」と答えた。

そして僕のバンドのウェブサイトに、彼のCDを販売するためのページをつくった。作業には2時間ほどかかった。

ほどなくして、別の友人2人からもCDを売ってほしいと頼まれた。さらに、知らない人からも電話がかかってくるようになった。

「友達のデイブから聞いたんだけど、君のウェブサイトで俺のCDを売ってくれるんだって？」というふうに。

電話とメールがひっきりなしに来るようになった。僕は無償で、全員のためにCD販売用のページをつくってあげた。

ミュージック界のオンラインのリーダーだった2人が、メーリングリストで僕のウェブサイトのことを紹介してくれた（「Gajoob」のブライアン・ベーカーと、デビッド・フーパーだ。ありがとう！）。

おかげで、さらに50人のミュージシャンから依頼があった。

でも、これはもともと、何人かの友人のために好意でしていたことのはずだった。うーん……。

「完璧な世界」を前提にしてみる

友人たちのCDを売るのを手伝うための作業に、かなりの時間が必要になってきた。そして僕は、図らずも自分がビジネスを始めてしまったことに気づいた。

でも、ビジネスなんてしたくはなかった!

僕はすでに、フルタイムのミュージシャンとして生計を立てるという、夢に描いてきた生活を送っていたのだから。その邪魔になるようなことはしたくなかった。

そこで、非現実的なほど理想的なやり方をすれば、ビジネスが大きくなりすぎることはないだろうと考えた。ビジネスを大きくしたくはなかった。小さいままでいいと思っていた。

それは、ビジネス的な野心とは真逆のことだ。だから、野心的なやり方とは正反対のことをしたわけだ。

僕はミュージシャンの視点に立って「夢の流通契約」を考え、書き出してみた。そのユートピアのような**完璧な世界**では、流通業者は以下を叶えてくれる。

1　毎週、支払いをしてくれる。
2　自分のCDを買ってくれた顧客全員の氏名と住所を教えてくれる（それはミュージシャンのファンであって、流通業者のファンではない）。
3　CDが売れなくても、システムから追い出されない（5年に1枚しか売れなくても、売り続けてくれる）。
4　ウェブサイト上で有料の優先表示はしない（資金の余裕がない人に不公平だから）。

以上！

これが僕の使命になった。僕はそれをとても気に入った。これは意義のある趣味になるだろう。

僕はそれを「CDベイビー（CD Baby）」と名付け、友人たちのCDをこのウェブサイトを通じて売り始めた。

この4つの条件は、CDベイビーのミッション・ステートメントのようなものになった。

僕はこれをウェブサイトに記載し、業界のカンファレンスでスピーチする度に話し、一緒に仕事をする全員に知ってもらうようにした。

重要なのは、僕はこれを大きなビジネスに育てたいとは思っていなかったこと。ただ、「完璧な世界におけるちょっとしたこと」を夢想しただけだったのだ。

起業とは、すべての法則を自分でコントロールできる小さな宇宙をつくることだ。それは自分の理想の世界、**ユートピアをつくること**にほかならない。

そして、自分の夢を叶えることは、別の誰かの夢も叶えることになる。

数字2つだけのビジネスモデル

起業した人のほとんどがそうであるように、僕も最初は、顧客にいくら請求すればいいかがわからなかった。

そこでウッドストックにある、地元のミュージシャンのCDを売っているレコード店に行き、店員の女性にこう尋ねた。

「ここで僕のCDを売ってもらうとしたら、条件はどうなりますか？」

彼女はこう教えてくれた。

「販売価格はあなたが自由に決めていいわ。店の取り分は一律で1枚当たり4ドル。支払いは週単位よ」

そこで僕は家に帰り、「cdbaby.com」のウェブサイトにこう記載した。

「販売価格は自由に設定できます。CDベイビーの取り分は一律で1枚当たり4ドル。支払いは週単位です」

地元のレコード店がこの方法でビジネスを成り立たせているのなら、僕もそれでビジネスを成り立たせられると思ったのだ。

サイトで取り扱うアルバムを新規に1枚追加するのに、45分ほどかかった。そこで、時間対価として、アルバム1枚につき25ドルを請求することにした（当時の僕が、自分の時間の価値をどれくらいだと考えていたかがよくわかる）。

数日後、この料金を10ドル上げても大差はないだろうと考え、追加のアルバム1枚につき35ドルに値上げした。これで、仮に値引きをした場合でも、利益を確保する余裕ができた。

これで全部だ！

6年後、売り上げが1000万ドルに達したあとも、この2つの数字が会社の唯一の収入源だった。アルバム1枚を追加する料金35ドルと、1枚売れるごとに発生する4ドルの手数料。

ビジネスプランをつくるのに、何時間もかけるべきじゃない。せいぜい、数分で思いつけるものであるべきだ。

最高の計画は、しごく単純なものから始まる。その数字でうまくいくかどうかは、パッと見て、常識的に考えればわかるはずだ。

細かい部分を詰めていくのは、それからでいい。

これは革命ではない

ＣＤベイビーを始めて5年後、ビジネスが絶好調だったとき、メディアは僕が音楽ビジネスに革命を起こしたと騒ぎ立てた。

でも「革命」というのは、成功したときに初めて使われる言葉だ。成功するまでは、「人とは違う方法で何かをしている変わり者」と見られるだけ。

また革命というと、声高に何かを主張したり、拳を振り上げたり、血を流したりするような荒々しいイメージを思い浮かべるかもしれない。

だけど、たとえば「本物の愛とは、『ロミオとジュリエット』みたいな劇的なものだ」と思っていると、ゆっくりと時間をかけて育まれていくすばらしい人間関係を見落としてしまう。

同じように「〝人生の目的〟は、ある日とつぜん、稲妻に打たれるみたいに降りてくる」

と思っていたなら、日々心を惹かれている、自分にとって大切な、小さなことを見落としてしまう。

「革命は戦争のようなものであるべきだ」と考えていると、ただ誰かにより良いサービスを提供しようとすることの重要性を忘れてしまう。

すばらしいことをしようとしているときは、革命を起こしているようには感じられないものだ。むしろそれは、常識にとらわれずに何かに挑戦している感覚に近い。

ヒットしなければ、切り替える

こうして僕は、生まれて初めて、〝みんなが本当に欲しがるもの〟をつくった。

そこに至るまでの12年間、僕は様々なプロジェクトを成功させようとがんばり、ありとあらゆるマーケティング手法を試した。必死になって人脈をつくり、プレゼンし、売り込みをした。

でも、それは常に向かい風を受けているような苦しい戦いだった。鍵がかけられた扉や、目の前でバタンと閉められた扉をなんとかこじ開けようとしているような感じだ。なんとか前に進めたとしても、そのためには膨大な努力が必要だった。

でも、それが今は……。ワオ！　まるで、ヒットソングを書いたみたいだった。

たとえば、あるソングライターが１００曲、曲を書いたとしよう。そのなかの1曲がとつぜん、人々の心をつかんでヒットすることがある。

ヒットの理由は誰にもうまく説明できない。その曲がとにかくすぐれているから、というわけでもない。いろんな偶然が重なったり、いくつもの要素が魔法みたいに組み合わさったりして、その曲は大勢の人に愛されるようになるのだ。

ひとたびヒットが生まれると、それまで閉ざされていた扉が、とつぜん大きく開き始める。宣伝をしなくても、口コミでどんどんと良い噂が広がっていく。需要を生み出そうとするのではなく、莫大な需要に対処しなければならなくなる。

では、僕がこの経験から学んだ教訓とは何か？

世間では、「成功するには忍耐力が重要だ」とよく言われる。でも、僕はその言葉を誤解していた。

成功とは、改善と発明を繰り返すことによってもたらされる。うまくいかないことを繰り返してもたらされるのではない。忍耐力は、改善と発明を繰り返すことに費やすべきなのだ。

僕たちはみんな、たくさんのアイデアや制作物、プロジェクトを抱えている。そのどれかを世に出してヒットしなかったとき、そのまま売り込みを続けてはいけない。改良したり、新しいアイデアを生み出したりすることに切り替えよう。

そして、改良したものや、新しくつくったものを、再び世に問おう。

「すごい！　そう、これだ！　こういうのが欲しかったんだ！　喜んで金を払うよ！」という反応が多いのなら、そのまま前進すべきだ。**こうした手ごたえが感じられないのなら、それ以上追い求めてはいけない。**

鍵のかかった扉を無理やりこじ開けるような、勝ち目の薄い戦いに貴重な時間を費やすべきではない。大きな手ごたえが感じられるまで、改善すること、新しいアイデアを生み出すことを繰り返そう。

「絶対イエス！」か、さもなきゃノー

いろんなことに手を出しすぎてしまったり、やるべきことを抱え込みすぎて収拾がつかなくなりがちな人に、ぜひ採用してほしいルールがある。

それは、「〝絶対イエス！〟と思えないなら、〝ノー〟と言う」ということだ。

何かをするかどうかを決めるとき、「ワオ！　これはすごい。どうしてもやってみたい。絶対イエスだ！」と心底思えない限り、手を出さないようにする。

そうすると、たいていのことに「ノー」と言うことになる。

その結果、精神的、時間的な余裕が生まれるので、「絶対イエス！」と思えるような数少ない何かに出会いやすくなり、出会ったときはそれに全力を注ぎやすくなる。

僕たちは気がつくと、招待されるがままにイベントに出席し、誘われるがままに新しいプロジェクトに参加してしまっている。

「絶対イエス！」と思えないのなら、ノーと言おう。

誰もが忙しくしている。みんな多くを抱えすぎている。そんな状況を脱するには、「イエス」と言う回数を減らすのが一番だ。

計画は根本から変わるもの

CDベイビーを始めた当初、僕はこれをただのクレジットカード決済サービスにすぎないと思っていた。

このウェブサイトは、ミュージシャンがファンに「ここでCDを買ってね」と呼びかけるときのリンク先でしかないはずだった。

元のウェブサイトからこのサイトに飛んできたファンは、クレジットカードを使ってそのミュージシャンのCDを買い、再びミュージシャンのサイトに戻るのだ（ペイパルに似ているが、これはペイパルが登場する2年前のことだ）。

「cdbaby.com」を立ち上げた日、2番目に利用してくれたオランダ人がいた。1週間後、彼から「新しいリリースはありますか？」という問い合わせのメールがあった。

新しいリリース？　意味がわからなかった。

どうして彼は、このウェブサイトのクレジットカード決済機能を利用する新たなミュージシャンのことを知りたいのだろう？

尋ねてみたところ、「ああ、ごめんなさい。CDベイビーのことを、店（ストア）だと思っていたから」という答えが返ってきた。

店？　なるほど！　面白い発想だ……。彼は僕のウェブサイトを店だと思っている！　僕にはその発想はなかった。

もし、CDベイビーをオンラインのCDストアのようなものにすれば、一部のミュージシャンのファンだけではなく、一般の音楽ファンがこのウェブサイトを訪れて、好みのCDを選んで買ってくれるようになるかもしれない。

そうなれば、友人のミュージシャンたちにも大きなメリットがあるはずだ。

こんなふうにして、僕の計画は根本から変わった。

その5年後、アップルからCDベイビーに「音楽のデジタル配信業者にならないか」という誘いがあった。それも、考えてもいなかったことだった。でも、僕は受け入れた。

そしてまた、ビジネスの計画は根本から変わった。

「この新しいビジネスで、何をするかはわかっている」というつもりになっているときも、次のことを忘れないでほしい。**いったん顧客と接したら、すべての当初計画は変更を余儀なくされる。**

出資を受けないことの利点

投資家からの出資を受けなかったことは、僕にとって大きな利点になった。

ＣＤベイビーを始めて1年後、ドットコムブームが巻き起こった。少しばかりの熱意と漠然としたプランさえあれば、どんな起業家でも、投資家から何百万ドルもの出資を得ることができた。ばかげた時代だった。

知り合いの起業家たちは、投資家から何度も資金調達できたことや、高度な機能を持つデータベースサーバーのこと、20人もいる開発チームのこと、ビリヤード台もある一等地のしゃれたオフィスのこと、毎週開かれる昇進パーティーのことなどを嬉しそうに話してくれた。

けれども、具体的にどんなビジネスをしているのかと尋ねても、彼らははっきりとは説明できなかった。

彼らは、ＬＯＩ（基本合意書）、ＲＯＩ（投資収益率）、ＮＤＡ（秘密保持契約）、ＩＰＯ（新規株式公開）といったビジネスの専門用語を頻繁に口にしていた。でも、それらは、本当に誰かの役に立とうとすることとは直接は関係のないものだった。

僕は、自分の会社に出資しようとする投資家がいなくて本当によかったと思っている。顧客と自分以外の誰かを喜ばせる必要がなかったのだから。僕はすべての努力を顧客のためだけに注ぎ込めた。

やがてＣＤベイビーにも、毎週のように、投資会社から投資のオファーをする電話がかかってくるようになった。僕はいつも、「結構です」と即答した。

「事業を大きくしたくはないのですか？」と尋ねられた。

僕は「いいえ、もっと小さくしたいんです。大きくしたくはありません」と答えた。

そう伝えると、毎回、そこで会話は終わった。

無駄遣いできるお金がなければ、無駄遣いはしないものだ。

僕にはプログラマーを雇うお金がなかった。だから本屋に行って、ＰＨＰとＭｙＳＱＬ

に関する本を25ドルで買い、それを読みながら独学でコードの書き方を覚えた。必要に迫られると、人は多くを学べる。

CDベイビーを始めてから数年経った後でも、僕はホームセンターで買ったコンクリートブロックの上に板を乗せただけのものを、デスクとして使っていた。コンピュータも自作した。

豊富な資金を得ていた友人の起業家たちは、僕が合計1000ドルで組み立てたのと性能的にはあまり変わらないコンピュータを買うために、10万ドルも支払っていた。彼らは、「最高のスペックのものが必要だから」と言っていた。

でもそれは、顧客により良いサービスを提供することにはつながっていなかった。

何をするにしても、大切なのは顧客を第一に考えること。

「事業を拡大するかどうか」「資金を調達するかどうか」「誰を昇進させるか」といった問題を検討するときには常に、「顧客にとって何が最善か」を基準にして決断すべきだ。

何を優先すべきかがわからないのなら、「私たちは、どうすれば一番お客様の役に立てますか?」と顧客に尋ね、自由に答えてもらおう。そして、彼らの望みを満たすことに集中しよう。

「事業を拡大してほしい」と答える顧客はまずいないはずだ。顧客は企業に、「自分のほうをもっと見て、もっと良いサービスを提供してほしい」と考えている。

意外に思えるかもしれないが、**既存の顧客へのサービスの向上に全力を注げば、ビジネスは成長する。**顧客を喜ばせることだけを考えよう。そうすれば、顧客が良い評判を広げてくれる。

最初の一歩は、お金なしでも踏み出せる

「何か大きなことをしたいけれど、お金がないから動き出せない」という人（あなた自身を含めて）がいたら、要注意だ。

なぜなら、それはたいてい、誰かの役に立ちたいというよりも、大きなことをするというアイデアに夢中になっているだけだからだ。誰かの役に立つからこそ、大きくなっていける。お金がなくても、誰かの役に立つためにできることはいくらでもある。

誰かの役に立つために、何かを待つ必要はない。今すぐに始められることは必ずある。それは、壮大なビジョンの1％でしかないかもしれない。そのビジョンの、シンプルなプロトタイプでしかないかもしれない。

それでも、ゲームには参加できる。**スタートを切れるので、ライバルたちの一歩先を行ける。**他の人がスタートラインに立ち尽くしたまま、ゴールラインが魔法のように目の前に現れるのを待っているあいだに、走り始められるのだ。

たとえば、「最新の教育理論を取り入れた先進的な学校をつくり、世界規模でチェーン展開したい」というビジョンを持っているとしよう。

最終的なイメージは、従業員が何千人もいて、何十もの支社があり、高価なテクノロジーが導入されている、世界を変えるような巨大組織をつくることだ。

でも、その実現に向けて最初の一歩を踏み出すのに、必要なお金が手に入るのを待つ必要はない。すぐにでも、誰かに何かを教えることを始めればいい。

「お金を払ってでも、何かを学びたい」という人を探し、どこでもいいからその人に会い、教え始める。そこにあるのは、自分と、相手と、ノートだけ。それでも、それがビジネスであることに違いはない。すべてはそこから成長させていけばいい。

もし「映画のおすすめサービス」を始めたいのなら、まずは周りの友人たちに、「どんな映画を観ればいいか、おすすめが欲しかったら、連絡して」と伝えておく。

すすめた映画を気に入ってもらえたら、飲み物をおごってもらおう。自分がどんな作品をすすめたか、友人がそれをどんなふうに気に入ってくれたかを記録し、そこから改善していけばいい。

新しく航空会社を始めたい？　それなら、空港でフライトがキャンセルになったとき、ゲートにいる乗客全員に、「費用を折半してくれるなら、小型の飛行機を借りて、目的地まで飛ばします」と申し出てみよう。リチャード・ブランソンは、実際にそうやって、ヴァージン・アトランティック航空を立ち上げた。

小さなことから始めると、目の前の相手の問題を解決することに100％の労力を費やせる。それは、その後にビジネスを成長させるための確かな土台になる。

組織のしがらみに振り回されたりせず、本当に重要なことに集中できる。計画も即座に変更できる。現実の顧客が何を必要としているかがわかるので、それに合わせて柔軟に計画を変えていけばいい。

僕の場合、すでに自分のCDを売るためのウェブサイトをつくっていたので、「cdbaby.com」の最初のバージョンをつくるのに数日しかかからなかった。サイトの仕組みは実に単純だった。

数枚のCDが掲載されていて、それぞれに「Buy Now」ボタンが付いている。クリックするとそのCDがカートに入り、購買者に関する情報の入力を求められる。必要な情報を入力すると、サイトから確認メールが送られてくる。

これがすべてだ。最初の1年間、ＣＤベイビーでできることはそれだけだった。それは、このサイトが売り上げを得るための最低限の機能だった。

ＣＤベイビーを立ち上げるのに、５００ドルしかかからなかった。最初の月の売り上げは３００ドル。でも、２か月目は７００ドルを稼いだ。その後も、月を追うごとに売り上げは増えていった。

お金はなくても、アイデアを実現するための一歩は踏み出せる。ＭＢＡも、大口顧客も、業界の大物の後ろ盾も、思いがけない幸運も――そして、やらないためのどんな言い訳も――不要だ。

シェアすることから始めよう

僕がこれまでにしてきたビジネスはすべて、コープ（co-op）／シェア型のモデルだ。その仕組みはこうだ。

1　自分がすでに持っているもので、人々が欲しがるものは何かを考える。それは何か持ち物かもしれないし、知識かもしれないし、何らかの資源や場所、人にアクセスできることかもしれない。

2　その何かを、それを求めている人たちとシェアする方法を見つける。営利目的に限らず、友人のために無償でシェアしてもいい。そうすることが正しいと思えるというだけで、十分な理由になる。

3　それを続けていくのが大変なら、持続させるために、労力に見合うだけの対価を請求する。

僕のしてきた例を挙げよう。

●著作権フォーム　1994年当時、オンラインでの著作権の申請はできなかった。ミュージシャンが自分の曲の著作権を取得するには、ワシントンDCのアメリカ著作権局に封書を送り、申請フォームの返送を依頼する必要があった。

そこで僕は、この申請フォームをスキャンして自分のウェブサイトに掲載し、誰でも無料でダウンロードできるようにした。

その後の2年間、僕のウェブサイトは、この申請フォームをオンラインで入手できる唯一の場所だった。

●商標の説明　1995年、僕は自分のバンド名を商標登録する方法を学んだ。専門的な法律用語を理解するのが大変で、何時間もかかったが、なんとか登録に成功した。

せっかくなので、覚えたばかりのその方法を具体的な手順に落とし込み、バンドのウェブサイトに無料で掲載した。

それから何年ものあいだ、僕らのサイトはバンド名を商標登録したいミュージシャンたちが真っ先に参照する貴重な情報源になった。

●UPCバーコード　1996年、小さなレコードレーベルを持っていた僕は、UPCバーコード〔北米の統一商品コード〕の法人アカウントを取得していた。これがあると、自分のＣＤに一意のＵＰＣバーコードを割り振ることができた。

法人アカウントを取得するには、ＵＰＣの管理機関に年間７５０ドルの使用料を支払う必要があったが、このアカウントがあれば、10万個のＵＰＣバーコードを発行できた。

ミュージシャンの友人から、法人アカウントの使い方を尋ねられることもあった。それを教えることもあったけれど、「手間がかかるようなら、僕のアカウントを使ってもいいよ」と申し出ることもあった。

最初は好意から無料でやっていたが、次第に噂が広まり、伝手（つて）をたどってきた見ず知らずの人たちからも、バーコードを発行してほしいと頼まれるようになった。

番号の生成やバーコードの作成、記録の管理に手間がかかるので、１件につき20ドルを請求するようにした。

その後12年間で、これは約２００万ドルの売り上げをもたらした。

●ＣＤベイビー　１９９７年、クレジットカードのマーチャント・アカウントの利用を他のミュージシャンとシェアしたことが、ＣＤベイビーにつながった。
その後の12年間で、これは約２０００万ドルのビジネスになった。

●ウェブホスティング　１９９９年の時点で、僕はウェブサイトを管理、運営していくために、LinuxやApache、ＰＨＰ、ＳＱＬ、ＦＴＰ、ＤＮＳ、ＳＭＴＰなどのＩＴ技術を習得していた。自分用のサーバーも購入し、稼働させていた。

だから、友人が既存のウェブホスティング会社のサービスに不満があると言ったら、代わりに自分のサーバーでサービスを提供していた。

最初は、好意として無料でやっていたが、次第にサーバーの容量が足りなくなり、経済的な負担になってきた。

サーバーの維持費が1台当たり毎月300ドルかかっていたので、ホスティング1件につき月20ドルを請求するようにした。

その後の9年間で、これは約500万ドルのビジネスになった。

どれも当初は、ベンチャー・ビジネスのようには思えなかった。**僕がすでに持っているものを、シェアしていただけ**だからだ。

「事業を始めたいが、何をすればいいのかわからない」とよくアドバイスを求められる。

僕が知っているおすすめの方法は、たったひとつしかない。

「自分が持っているものをシェアすることから始めよう」だ。

アイデアは実行してこそ価値がある

「人に知られないように」とアイデアを後生大事に守るのは滑稽なことだ。ごく単純なアイデアを僕に教える前に、ＮＤＡ（秘密保持契約書）に署名してほしいと言ってくる人たちもいる。

僕にとって、アイデアは実行されない限り何の価値もない。それはただの「乗数」だ。実行して初めて、数百万ドルの価値が生まれる。説明しよう。

次ページを見てほしい。**ビジネスとは、アイデアと実行、その2つの数字を掛け合わせることだ。**

最高のアイデアも、実行しなければたった20ドルの価値しかない。最高のアイデアをすばらしく実行すれば、20×１００万ドルで、２０００万ドルの価値になる。

だから、僕はアイデアについてのもったいぶった話を聞かされたくない。実行が伴うまでは、興味が湧かないからだ。

酷いアイデア	= マイナス1
たいしたことのないアイデア	= 1
そこそこのアイデア	= 5
良いアイデア	= 10
すばらしいアイデア	= 15
最高のアイデア	= 20
実行しない	= 1ドル
たいして実行しない	= 1000ドル
そこそこの実行	= 1万ドル
良い実行	= 10万ドル
すばらしい実行	= 100万ドル
最高の実行	= 1000万ドル

ビジネスの体裁を整えるべき?

CDベイビーを始めて1年後、かなり順調に物ごとが進んでいた頃、同じようなウェブベースのビジネスを立ち上げていた友人から電話があった。

「ウェブサイトの〝利用規約〟や〝プライバシー・ポリシー〟についてアドバイスが欲しいんだ。どんなふうにつくった? どの弁護士に依頼した?」と彼は言った。

「え? 僕のウェブサイトにそんなものは載せてないよ。そもそもこれまで、弁護士に何かを頼んだことは一度もない」と僕は言った。

驚いた彼はこう言った。「何だって? そりゃあ無謀だな。もし君のウェブサイトでCDを買った子どもが、それをきっかけにして自殺したらどうするんだ? それで訴えられたら?」

「もしそんなことが起きたら、利用規約に何を書いていようが効果はないだろ。問題が起きたら、そのときに個別に対処するよ」。僕は言った。

ウェブサイトの「利用規約」や「プライバシー・ポリシー」の記述が大好きだという人はいるだろうか？　細かく読んだことがあるだろうか？　もしそうでなければ、なぜそんなものを自分のウェブサイトに載せる必要があるのか？

ＣＤベイビーの従業員が50人に増えた頃、企業向けのサービスを提供している会社から、いろんな売り込みがくるようになった。

従業員評価の正式な仕組みが必要だとか、「感受性訓練」を実施すべきだとか、「利用規約」をウェブサイトに掲載しなければいけませんとか、そういったビジネス周りのあれこれだ。

僕はこの手の営業を、きれいさっぱり断った。

たとえば海辺に行くと、年季の入った店構えの「ジムの魚の餌屋」といった看板を掲げた小さな店がある。世の中には、正式な従業員評価や、利用規約、感受性訓練などとは無縁の、こうしたビジネスが無数にある。そのことを忘れてはいけない。

ビジネスが成長すると、「御社にはこれが必要です」なんて言いながら、ヒルみたいに血を吸い取ろうといろんな連中が近づいてくる。

こちらの不安を煽り、訴訟から身を守るためにはあれこれが必要だと言ってくる。最悪のシナリオをチラつかせて、怖がらせようとする。

でも、それはただの営業戦術だ。**この手のものは、何も必要ない**と考えておこう。

小さな顧客をたくさん持つことの強み

「アップルやグーグル、政府みたいな大口顧客を獲得できたら最高なのに！」と考えている小規模企業の経営者は多い。

特に、ソフトウェア企業にはその傾向が強い。彼らは、巨大企業が自社製品に組み込みたがるようなテクノロジーや、全従業員の端末にインストールされるようなアプリを開発したいと考えている。

けれども、このようなアプローチには問題が多い。その理由はこうだ。

- 巨大企業の少数の幹部を喜ばせるために、製品をカスタマイズしなければならない。
- その幹部たちは途中で気が変わるかもしれないし、会社を辞めるかもしれない。
- 「誰のために働いているのか？」という疑問が生じる。本当に自分の思いどおりに会社を経営しているか、もしかして巨大企業の幹部が上司になっていないか？
- 巨大企業と契約したら、実質的にその子会社になってしまいかねない。

●大口顧客を喜ばせようとするあまり、ふつうの顧客が何を望んでいるのかわからなくなってしまう。

では、**少数の大口顧客ではなく、多数の小規模顧客と取引をするビジネス**の場合はどうだろうか？

●1社の大口顧客を満足させるために、自社のビジネスのやり方を変えなくてもいい（大多数の顧客、もしくは自分自身を満足させることを考えればいい）。
●顧客を1社失ったとしても、たいした問題にはならない。
●顧客1社の言いなりになる必要がなく、自分が自分の上司（ボス）になれる。大勢の顧客を満足させることに専心すればいい。
●たくさんの意見を聞けるので、みんなが何を求めているのかを把握しやすい。

音楽業界は、スタービジネスの側面が強い。すなわち、スーパースターがいて、みんながそこから利益を得ようと周りに集まってくる。

でも、僕は先に述べたのと同じ理由で、そのようなビジネスには関わらなかった。

数十人の限られた顧客ではなく、数千人の顧客にサービスを提供するようにビジネスを構築していると、顧客を1人失うかもしれないとか、特別な要求をされるかもしれないとかいった心配をする必要はない。

大多数の顧客から好かれているのなら、1人の顧客が離れていったからといって動揺する必要はない。気持ちよく別れを告げて、相手の成功を祈ればいい。

堂々と対象を絞り込む

「すべての人を喜ばせるのは不可能」——これは、誰もが知っていることだろう。

それなのに、あらゆる人を、あらゆることで満足させようとしている企業は多くあり、なぜ自分たちが世の中から注目されないのかと不思議に思っている。

あなたが対象にすべき顧客層と、そうでない顧客層を、はっきりと分けよう。そして、そのことを堂々と公言しよう。そうすることで、本当に自分たちが相手にしたい人たちの心をつかめるようになる。

CDベイビーの人気が高まり始めた頃、大手のレコード会社から電話がかかってきた。今売り出し中のホットなアーティストを、僕たちのウェブサイトで大きく取り上げてほしいというのだ。

「断る。ここではそういうことはやらないんだ」と僕は言った。

レコード会社の担当者は驚き、「何だって？　〝そういうことはやらない〟とはどういうことだ？　そっちはレコード店で、こっちはレコード会社だぞ！」と言った。

僕は言った。「そっちはどこでだって売り出せるだろう？　ＣＤベイビーはインディーズのミュージシャンに特化したサイトだ。つまり、大手のレコード会社に権利を売り渡さないことを選んだミュージシャンたちだ。彼らに最大限の注目が集まるように、僕らのサイトではメジャーレーベルの活動は認めていない」

世界は広い。99％の人を相手にしないと宣言しても、十分にビジネスはできる。

「残りの99％は対象外にする」と宣言することで、本当にターゲットにしたい１％の人たちが向こうからやって来てくれる。その**１％の人たちのことをどれだけ大切に思っているかを示したから**だ。

僕が広告を出さなかった理由

広告のセールスマンから電話があった。CDベイビーのウェブサイトの上部と下部に、バナー広告を掲載したいという。

「とんでもない。論外だ。それは修道院にコーラの自動販売機を置くようなものだよ。僕はこれを、お金を稼ぐためにやっているんじゃないんだ」と僕は言った。

「でも、これはビジネスでしょう？　お金を稼ぐためじゃないとは、どういうことですか？」。彼が言った。

「僕はミュージシャンを助けようとしているだけさ。CDベイビーを維持するために料金を請求しているけど、重要なのはお金じゃない。**お金のためだけに何かをしようとはしていないんだ**」と僕は言った。

そもそも、僕たちはなぜこんなことをしているのか。ユートピアのような完璧な世界に立ち戻って考えてみよう。

完璧な世界では、自分のウェブサイトは広告だらけだろうか？

「何をすれば私たちのサービスを向上させられますか？」と顧客に尋ねたとき、「ウェブサイトをもっと広告で埋めてほしい」と言われたりするだろうか？

そんなわけないはずだ。だから、僕は広告をウェブサイトに掲載しなかった。

もしこのうちの1％が……

あるミュージシャンが、その週に必ずくるはずの注文を見越して、1万枚のCDを製造した。

彼は、発行部数100万部の人気雑誌の後ろのほうにある、4分の1ページの大きさの広告枠を買い、そこに自分のCDの広告を載せることにしたのだ。

「もし、この雑誌の読者のたった1％でも僕のCDを買ってくれたら、それだけで1万枚になる！　たったの1％でだ！」と彼は言い続けていた。

そして、クッション封筒と宛名ラベルをそれぞれ1万枚買って、自宅のガレージを大がかりな発送センターに改造した。

「もしかしたら、読者の10％が買ってくれるかもしれない！　そうしたら10万枚だ！　いや、最悪1％の読者しか買ってくれなかったとしても、それでも1万枚売れる！」

雑誌は発売された。だが……、何も起こらなかった。彼はその号を買った。広告はたしかに掲載されていた。でも、注文は入ってこなかった！

何か別の問題でも生じているのでは？　彼は試してみた。すべてちゃんと機能していた。

それから数週間で、注文は４件しかこなかった。そう、ＣＤの総販売枚数は、４枚だけだ。

彼は１％より低い数字があるのを忘れていたのだ。

「iPhoneは１００億台以上販売されていますので、私たちのアプリの利用率は確実に……」というような見立てのビジネスプランを聞く度に、僕はこのエピソードを思い出す。

それは数ある選択肢のひとつ

僕は以前、ウォーレン・センダーズという有名なボイスコーチからボイスレッスンを受けていた。

レッスンでは毎回、僕がうまく歌えるようになりたいと思っている曲を、まずは楽譜どおりの音程で歌うことから始まる。

歌い終えると、コーチから「よし。じゃあ、次は同じ曲を1オクターブ上げて歌ってみて」というふうに、違う方法で歌うように指示される。

「え？　1オクターブ上げて？　そんなに高い声では歌えません！」

「気にするな！　とにかく歌ってみるんだ！　さあ！　ワン、ツー、スリー、フォー」

僕は喉を詰まらせたネズミみたいな裏声で歌う。

「よし。では、次は1オクターブ下げて歌ってみて」

「1オクターブ下げる？　そんなの無理です！」

「とにかく歌うんだ！　さあ！　ワン、ツー、スリー、フォー」

僕は生ごみ処理機や芝刈り機みたいな声しか出せなかったが、それでも最後まで歌わされる。

彼は次に、2倍の速さで歌えと言う。その次は、2倍遅く。今度は、ボブ・ディランみたいな歌い方で。その次は、トム・ウェイツみたいに。「早朝4時に、友人に起こされたときみたいな声で歌え」というのもある。

こんなふうに、実にいろんな方法で、僕に同じ曲を歌わせる。

そして最後に、「じゃあ、最初のあの歌い方はどうだったと思う？」と尋ねられる。

こうして僕は、自分が唯一の歌い方だと思っていたものは、実は無限にある選択肢のひとつにすぎないという事実を突きつけられる。

その数年後、僕は起業家向けの講義を受けた。講義中、パンティストッキングの通信販売会社の事業計画を分析する演習があった。ご多分に漏れず、その事業計画書には、**たったひとつの計画しか提案されていなかった。**

その計画書を読んだあと、僕は心の中で、昔、ボイスコーチに指示されていたようなことを言いたくなった。

「よし。じゃあ、次は1000ドルしか予算がない条件で計画を立ててみて。さあ!」

「次は、顧客を今の10倍に増やす計画を立ててみて。さあ!」

「ウェブサイトなしでやっていく計画を立ててみて。さあ!」

「最初の想定がすべて間違っていたとして、それでもなんとか計画を前に進める方法を考えてみて。さあ!」

「事業をフランチャイズ化する方法を考えてみて。さあ!」

ビジネスをするのに、ひとつしか方法がないなんてふりをすることはできない。

最初のアイデアは、数ある選択肢のひとつにすぎない。**どんなビジネスも、計画どおりには進まない。**だから、まったく違う計画を10個立てておくくらいがちょうどいい。

最初に選んだものが、たくさんある選択肢のひとつにすぎないと気づくことで、ビジネスに対する様々な知恵や視点が得られるようになる。

僕たちが今歩んでいる人生の道も同じだ。それはいろいろな可能性のひとつにすぎない。

成功を目指してニューヨークに住んでいる自分を想像してみよう。さあ！

自由気ままに、バックパックを背負ってタイを旅していると考えてみよう。さあ！

自信に満ち溢れた外向的な性格になり、誰からも好かれる人間になったと信じてみよう。さあ！

結婚して子どもが生きがいの生活をしているとイメージしよう。さあ！

読書や散歩を中心とした静かな暮らしを数年間することになったと思い描いてみよう。さあ！

計画やビジョンはいらない

あなたは、20年後の世界を見据えた、ビジョナリーな基本計画を持っているだろうか？業界に革命を起こすような、大きな野望を持っているだろうか。

持っていないからといって、罪悪感を抱く必要などない。僕だって、そんな壮大なビジョンや計画を抱いたことは一度もない。

CDベイビーを始めて1年半後、自宅を仕事場にして、初めての従業員であるジョンと2人だけでやっていた頃の話だ。

ある夜、僕は将来を見据えた長期的な計画について少しは考えなければと思った。

そこで日記を広げ、数時間かけて、これまでの歩みをじっくりと振り返ってみた。それから、ジョンに次のようなメールを書いた。

僕らのしていることは、いつかすごく大きくなるかもしれない。だから、今からその準備をしておいたほうがいい。

いつの日か、1000人のミュージシャンと取引をするかもしれない。そして僕たち以外に、3人目の従業員が必要になるかもしれない！　3台目のコンピュータも必要になるだろう。そうしたら、それらをネットワークで接続する方法を考えなければならないね。

いずれ今みたいに、すべてのCDをリビングに置いてはおけなくなるだろうから、CDをガレージに移し始めることも考えておいたほうがいいと思う。

仰々しい話に聞こえるのはわかってる。でも、そういう方向に向かっているんじゃないかと思うんだ。

数年後、10万人のミュージシャンと取引し、85人の従業員を抱えるようになった頃、ジョンは1999年に僕が送ったこのメールのことをよく笑い話のネタにした。

ジャーナリストからはよく、「長期的な目標は何ですか？」と尋ねられる。

「ないよ。ずっと前に目標を超えてしまったから。僕たちがしているのは、とにかく今日、何かを必要としているミュージシャンを助けることさ」と僕は答える。

「壮大なビジョンがいる」と思う必要はない。**今日、全力で誰かを助ければいいんだ。**

自分にとって一番大切なものは？

人はみな、それぞれの物差しで自分を評価している。

ある人にとっては、それは「お金をどれだけ稼いでいるか」というシンプルな物差しかもしれない。純資産が増えていれば、人生がうまくいっていると判断できる。

あるいは、「どれだけのお金を与えられたか」という物差しで自分を評価している人もいるだろう。

「どれほど大勢の人の人生に良い影響を与えられたか」ということを大切にしている人もいるはずだ。

「少数の人の人生に、どれだけ大きな影響を与えられたか」を重視している人もいるだろう。

僕にとって、それは「人の役に立つものをどれだけつくっているか」だ。

曲であれ、会社であれ、ブログ記事であれ、ウェブサイトであれ、僕は何かをつくることで、誰かの役に立ちたい。人の役に立たないものをつくっても、僕にとっては何の価値もない。

一方で、何かをつくるときには、自分の創造力を発揮したいとも思っている。そうでないものは、つくりたくない。

自分自身を評価するとき、何を一番大切にしているか、考えてみよう。

これを事前に知っておくことにはとても大きな意味がある。そうすることで、他人が求めてくる物差しに振り回されることなく、**自分にとって一番重要なこと**に注力できるようになるからだ。

マフィアの時代が懐かしい

あるカンファレンスに参加するためにラスベガスを訪れたときのことだ。空港からタクシーに乗り、ホテルに向かった。

「ここに住んでどのくらいになりますか？」とドライバーに尋ねてみた。

「27年になるね」と彼は言った。

「わあ、すごい！　なら、街は昔に比べてずいぶんと変わったでしょう？」

「そうだね。マフィアが恋しいよ」

「え？　本当に？　どういう意味ですか？」

「マフィアがこの街を仕切っていた頃は楽しかったよ。重要な数字は2つだけ。どれだけ金が入ってくるかと、どれだけ金が出ていくかさ。出ていく金より入ってくる金が多い限り、みんなハッピーだった。

でもその後、街全体がくだらない企業に買われてしまった。そして、床面積1平方フィート当たりから得られる利益を最大限に増やすことしか考えていないMBA持ちのいけすかない連中が、細かなところまですべてをネチネチと管理し始めた。

今じゃあホットドッグにケチャップをかけようとすると、25セントも取られるようになった！　この街の楽しみは台無しになっちまったよ！

ああ、マフィアの時代が懐かしい」

（もちろん、マフィアにはいろんな問題がある。ここでは、ひとつの比喩として受け止めてほしい）

僕は、CDベイビーでこの逸話を何度もたとえ話に使った。

会社が成長するにつれ、MBAタイプの人間から、「成長率はどれくらいですか？　利益剰余金の割合は？　どんな予測をしていますか？」といったことを聞かれる機会が増えた。

その度に、僕はこう答えた。

「知らないよ。そもそも、その手の用語には、意味をよくわかっていないものすらある。これは友人を助けるための趣味として始めたものなんだ。そしてそれが、ＣＤベイビーが今でも存在し続けている唯一の理由だ。

銀行口座にお金がある。僕は元気でやっている。だから心配しなくてもいい」

「もっと数字を分析すれば、収益を最大化できますよ」とアドバイスされることも少なくなかった。

そんなとき、僕はベガスのタクシー運転手の話をした。

自分がしていることの理由を、絶対に忘れないようにすること。

誰かを助けているか？

それによって、相手はハッピーになっているか？

自分自身もハッピーになっているか？

儲かっているか？

なら、それで十分だろう？

寛大になる余裕は見つけられる

「自分のビジネスは安泰だ」

仮にそうでなかったとしても、そう感じるようにすべきだ。

自分のところにお金はやってくる。自分はうまくやっている。自分は幸運だ。

世の中には、幸運に恵まれていない人も多い。だから、気前良く振る舞ってみよう。**すぐれたサービスは、こうした寛大さや豊かさの感情から生まれる。**

これまでに自分が体験した、すばらしいサービスのことを思い出してみよう。

「コーヒーが無料でおかわりできるレストラン」「客でなくてもトイレを使える店」「ミルクや砂糖を追加でもらえるカフェ」「1時間もこちらに付き添って、質問に親身になって答えてくれる従業員のいる販売店」などが浮かぶのではないだろうか。

逆に、これまでに経験した悪いサービスにはどんなものがあったか考えてみよう。「何か買わないとトイレを使わせてくれない店」「ソースをかけるには25セントの追加料金がかかるレストラン」「上客に見えない客を軽く扱おうとする営業担当者」などが思い起こされるはずだ。

悪いサービスは、セコい考えから生まれている。こうしたサービスを提供する側は、いま利益を出さなければ、すぐにでも倒産してしまうかのように振る舞う。自分たちが生き残ることばかりを考えて、顧客へのサービスを二の次にする。

その結果、長期的で賢明な視点を失ってしまうのだ。

もし自分が本当に安心し、豊かな気持ちでいれば、顧客に与えられるものはたくさんある。この寛大な気持ちは、顧客とのやりとりすべてに流れ込んでくる。

「気前よく返金する」「顧客のことを気遣う」「少しくらいなら損をしてもいいと考える」。意識すれば、こうした余裕を持つことは難しくないのだ。

もちろん、それは「損して得取れ」式の賢いビジネスのやり方にもなる。

ソースを使おうとする客から25セントをむしり取ろうとするのではなく、無料で提供する。

そうすれば、その顧客は今後10年間で店に１０００ドルを落としてくれる常連客になってくれるかもしれない。

さらに、20人もの友人に店の良い評判を伝えてくれるかもしれないのだ。

自社よりも顧客を大切にする

ロサンゼルスで開催されたカンファレンスに参加したとき、聴衆の1人から聞かれた。

「もしミュージシャンが全員、自分のウェブサイトにストアを開設して、CDを売り始めたらどうなるでしょう。CDベイビーは、つぶれてしまいますよね？　こうした状況に陥るのを防ぐために、どんなことをするつもりですか？」

僕は答えた。「正直、CDベイビーはどうでもいいんです。僕はミュージシャンのことしか考えていません。将来、彼らがCDベイビーを必要としなくなる日がくるとしたら、それはそれですばらしいことです。僕はすぐにこのウェブサイトを閉鎖して、音楽制作に戻るでしょう」

彼はショックを受けていた。経営者が「会社が存続するかどうかなんてどうでもいい」と言っているのを耳にするのは、初めてだったようだ。

でも、僕にとってそれは当たり前のことだった。

当然ながら、自分よりも顧客のことを気にかけるべきだ。それが、良いサービスをする第一のルールであり、**良いサービスとは、自分のためでなく、顧客のためにあるのだから。**

しかし、善意によって始まった企業でさえ、図らずも〝生き残りモード〟に陥ってしまうことがある。

ビジネスは、何らかの問題を解決するために始まるものだ。もし問題が完全に解決され、この世からなくなってしまうと、そのビジネスは不要になる。

だから企業は、顧客からいつまでもお金を取り続けられるように、問題が完全にはなくならないようにする。たとえば、ある病気の治療薬を売るビジネスをしている企業は、その病気の予防に全力を注ごうとはしない。

命を懸けて世界を救おうとしているヒーローが出てくる壮大な物語のように、あなたの会社も、顧客のためなら喜んでなくなるべきだろう。

自社よりも顧客のことを大切にすると、逆に物ごとがうまくいく――これは、中国哲学の道(タオ)にも通じる、ビジネスの道理だ。

「お金はいらない」という態度で

銀行は、お金を必要としない人にお金を貸したがる。

レコード会社は、助けを必要としていないミュージシャンと契約するのを好む。

人は、なかなか会ってくれない相手に恋をしやすい。

これらは人間の行動に見られる不思議な法則であり、とても普遍的なものだ。似たようなものとして、こんなものもある。

「お金はいらないという態度でビジネスをしていると、客は喜んでお金を払ってくれる」

お金目当てで何かをしていると、相手はそれを敏感に察知するものだ。すると、**しつこく異性に迫る人と同じで、敬遠されてしまう。**

一方、損得抜きで何かをしているとき、ケチ臭くするのではなく寛大に振る舞うとき、恐れるのではなく信頼するとき、相手はこちらに好意を持ってくれる。
「与えてくれる相手には、自分からも与えたくなる」という法則が発動するのだ。
お金はいらないという態度でビジネスをすれば、むしろお金はこちらに向かってくる
——これも、ビジネスの世界の道(タオ)である。

カスタマー・サービスこそすべて

正直に言って、ＣＤベイビーがこれほどの大成功を収めたのは驚きだった。でも、それ以上に驚いたのは、成功の具体的な理由を知ったときだった。

業界のイベントに出る度に、ミュージシャンたちが別のミュージシャンにＣＤベイビーを選んだ理由を話していた。

価格が安いから？　機能がいいから？　いや、ダントツの理由はこれだった。「ＣＤベイビーは問い合わせをしたら電話に出てくれる！　メールにも返信してくれる！　生身の人間と話せる！」

そんなことを誰が予想しただろう？　機能や価格、デザイン、パートナーシップといったことをより良くするために多くの労力を投じていたのに、**顧客が選んだ理由は、「カスタマー・サービスが気に入ったから」**だったのだ。

そこで僕はCDベイビーの組織を再編成し、85人の従業員のうちの28人をフルタイムのカスタマー・サービス担当者にした。

カスタマー・サービスは、できる限り最小限に抑えておくべきコストではない。営業と同じく、会社に利益をもたらす大きな役割を担っている。だから、**カスタマー・サービスには最高の人材を配置すべきだ。**

人当たりが良く、共感力のある人を採用し、顧客に満足してもらうために必要な時間やリソースを与えよう。カスタマー・サービスの業務が忙しくなりすぎ、顧客とのコミュニケーションが雑になってきたら、人を増やそう。

カスタマー・サービス担当者を増やすことには、十分な価値がある。

既存顧客からさらに多くの売り上げを得るほうが、新規顧客を獲得するよりも簡単だ。新しい顧客を得ることに躍起になる企業は多いが、既存の顧客を喜ばせ続けるほうが、投資効果が高いのだ。

問い合わせは、絶好のチャンス

潜在的な顧客のうち、わざわざ向こうからこちらに連絡してくれる人はせいぜい1％程度しかいない。だからこそ、問い合わせの連絡は、こちらの魅力をアピールする貴重なチャンスになる。

その3分間の会話は、会社名や、価格、デザイン、機能をすべて合わせたものよりも、会社の印象を強く残す。

相手に、あっと驚くような最高の体験をしてもらおう。「この会社に連絡をしたら、対応がとにかくすばらしかった」と記憶してもらえるように。

効率ばかりを重視しているカスタマー・サービスの担当者は、問い合わせの対応をするときも、「あなたとはあまり話をしたくありません。手っ取り早く要件を片付けましょう」という無言のメッセージを相手に伝えてしまう。

これとは逆のことをしよう。効率は度外視して、**相手のことを知るためのコミュニケーションを取る**のだ。

ミュージシャンが、自分のCDを売りたいとCDベイビーに電話をかけてくると、僕らの従業員は、まず数分間かけて相手のことを知るための質問をする。

「お名前は？　こんにちは、レザ。あなたのウェブサイトはありますか？　これですね。サイトの写真はあなたですか？　かっこいい。このギターはレスポール？　すごい！　曲を少し聴かせてもらってもいいですか。

とてもいいですね。すごく気に入りました。すばらしいグルーヴです。ではそろそろ本題に入りましょうか。本日はどのようなご用件で？」

ミュージシャンは、自分の音楽を他人に聴いてもらうことがどれほど大変かを知っている。だから、たとえ数分でも曲を聴いてもらえると、一生忘れられないくらいに感動する。

もし、大好きなロックスターから電話があったらどうする？　今していることをすべて放り出して、夢中で相手の話に耳を傾けるはずだ。

会社に問い合わせの電話をしてきた人も、スターと同じように扱おう。時間がないのなら、時間をつくればいい。

人は誰であれ、他人から大切に扱われるべきだ。そうすれば、相手も自分も良い気分になれる。仕事も楽しくなる。そしてそれは、正しいことだ。

クレーム対応では、勝ちを譲ろう

クレームは、問題が起こり、顧客が腹を立てるところから始まる。

カスタマー・サービスの担当者は、顧客から攻撃されたと感じると、つい反論したくなる。特に、自分のほうが正しく、相手が間違っているとわかっているときはそうだ。

でも、一番いいのは、相手に勝ちを譲ることだ。

相手が正しく、自分たちが間違っていたと伝えよう。相手にもう一度ハッピーな気分になってもらうためなら、なんでもする準備ができていると示そう。

電話口やメールで、ちょっとでも攻撃的なことを言いたくなったら、ひと呼吸置いて気分を落ち着け、謙虚で寛大な態度に変えてみよう。

このようなアプローチで毎日仕事をしていると、カスタマー・サービスの仕事はとても穏やかなものになる。**天使のように振る舞えば、相手も自分も気分が良くなる。**日々、共感力を高める訓練をしているようなものだ。

映画を観ていると、悪口や内緒話をしていた登場人物が、マイクがオンになっていることに気づき、慌てて姿勢を正し、かしこまった話に切り替えようとするシーンがよくある。これと同じだ。

カスタマー・サービス担当者の前には、オンになっているマイクがある。そこは、プライベートなコミュニケーションをする場ではない。発言はすべて録音され、オンラインでシェアされて世界中に公開されてしまう可能性がある。

だから常に、誰に聞かれても恥ずかしくないようなコミュニケーションをすべきだ。

CDベイビーには、僕らの良さを熱心に宣伝してくれる顧客がたくさんいた。彼らは声を大にして、CDベイビーを周りの人にすすめてくれていた。

彼らの履歴情報を見てみると、最初の連絡時には、大声でクレームの電話をしてきた人が多かった。つまり**このタイプの人たちは、文句を言うときも、褒めてくれるときも、声が大きいのだ。**

だから、顧客が騒々しく苦情を言ってきたら、チャンスだと考えよう。

彼らが、大声で会社の宣伝をしてくれる人になるくらい、ハッピーな気持ちにさせてあげよう。

たった1人のミスで、全員を罰しない

僕の家の近所にある小さな食堂には、いたるところに次ページのような大きな注意書きが張り出されていた。

僕はこの食堂のオーナーに憐みを覚えた。客に腹を立てる度に、彼はこれから店を訪れる客全員に罰を与えている。

僕は6歳の時、イギリスのアビンドンという町にある、小さな学校に通っていた。

その学校はとにかく厳格だった。その年の初め、誰かがぶどうジュースをこぼした。学校はそれから1年間、校内でぶどうジュースを飲むことを禁止した。

その後、誰かがオレンジジュースをこぼした。オレンジジュースも1年間禁止された。最後には、水しか飲めなくなった。

何年も前、ある男が飛行機の機内でシューズに火をつけようとした。それ以来、各地の

当店には、理由を問わず、誰に対しても
サービスを拒否する権利があります！

注文後の変更は固くお断りします！
払い戻しは一切しません！

靴を履いていない人、シャツを着ていない人は
入店をお断りします。

店内での携帯電話の使用、及び写真、
動画の撮影は禁止です。

お客様以外の入店は禁止します！
トイレはお客様専用です！

違反者には最大限に厳しい法的手段を取ります。

空港では毎日、何百万もの人たちが列に並び、検査員の前でシューズを脱がなければならなくなった。

経営者は、従業員がへまをすると、二度と同じことが繰り返されないように、全社的に厳しいルールを定めたくなるものだ。

ある従業員が、仕事中にネットサーフィンをしていたことが発覚したとする。

経営者はそんなとき、その従業員個人をクビにしたり、ネットサーフィンができない業務に配置換えするのではなく、許可されたウェブサイト以外は閲覧できないようにするシステムを、多額の費用を投じて全社的に導入したりする。

だがこんなときは、全員を罰したいという怒りに満ちた衝動を抑え、一歩下がって冷静になるべきだ。

誰かにひどいことをされると、怒りのあまり思考が曇り、誰もがひどい人間だと思えてくる。世界中を敵に回しているような気になる。これは、全員に当てはまるルールを決めるには、最悪のタイミングだ。

ある顧客がとんでもない行為をしたとしても、それ以外の大勢の顧客はそんなことはしていないと肝に銘じよう。

自分は、会社を経営できてラッキーだと考えよう。いちいち相手に目くじらを立てるべきではない。

悪いことが起こるのを防げないこともある。諦めも肝心だ。

誰かが過ちを犯したときに湧き上がる、全員を罰したいという衝動に負けてはいけない。

画面の向こうにいるのは、同じ生身の人間

僕の友人のサラは12年間、自宅のリビングで小さなオンラインビジネスを営んできた。彼女はこのビジネスを、人生のすべてだと言ってもいいくらいに大切にしていた。

ところがある日、取引相手のある女性から、10ページにも及ぶ辛辣な苦情のメールが送りつけられてきた。サラを詐欺師呼ばわりし、侮辱的な言葉を浴びせ、不適切な扱いを受けた報復として、訴訟を起こすつもりだと脅していた。

打ちのめされたサラは、コンピュータの電源を切って泣き沈んだ。携帯電話の電源もオフにし、その日は営業をやめた。その週末、ずっとベッドの上で寝て過ごし、いっそビジネスをやめてしまおうかと考えた。

あの女性のメールに書かれていた罵倒の言葉がもし本当なら、12年も続けてきたけれど、自分はこのビジネスに向いてないのかもしれない――。

日曜日、サラはほぼ1日を費やして、その長文の苦情メールを読み直した。この取引相手のウェブサイトを訪れて彼女について学び、気づいた点やアドバイスをまとめた。役に立ちたいと思っていたのに、結果的に怒らせてしまったことへの深いお詫びの言葉を添えて、相手にメールを送った。料金は返金し、さらに追加で50ドルを振り込んだ。

翌日、この件について話し合おうと、その女性に電話をかけた。

女性は明るい雰囲気で電話口に出ると、「あら、あの件なら気にしないで！　そんなに腹を立てたわけじゃないの。あのとき、たまたま虫の居所が悪かっただけなのよ。そもそも、あんな苦情メールを誰かが読んでくれるなんて思ってなかったから」と言った。

出会い系サイトを利用している僕の友人のヴァレリーは、求愛してくる男性たちへの扱いがとにかく雑だ。

彼女は、白馬に乗った王子様のような運命の男性が現れると信じていて、その完璧な条件をわずかでも満たさない男性には見向きもしない。

ヴァレリーに、この出会い系サイトをいつもどんなふうに使っているのかと尋ねてみた。彼女はサイトにログインし、受信箱を見せてくれた。8件の新規メッセージが届いていた。

どれもよく書かれていた。

男性たちは、プロフィールを読んで彼女に好意を持ったことや、「趣味はハイキング」「ドイツ語が話せる」といった共通点について書いていた。「ベルリンを訪れたことはありますか？」「ニュージーランドでハイキングをしたことはありますか？」といった質問もあった。

僕は彼らに共感を覚えた。みんなヴァレリーが、同じ熱意で返信してくれるのを期待している。最終的には直接会って、自分のことを好きになってくれるかもしれないという希望を抱いている。

ヴァレリーは「うわー、ロクな男がいないわ。この手のメールが毎日10件もくるの」と言い、返信もせずにメールをすべて選択して「削除」ボタンをクリックした。

車やコーヒーマシンに腹を立てて怒鳴ったとしても、相手はあくまで機械だ。でも、コンピュータや電話越しにウェブサイトや企業に向かって怒鳴るとき、それはただの電化製品ではない。その向こうに生身の人間がいることを忘れてはいけない。

コンピュータの画面の向こうに、顔を持った人間がいるのは想像しにくい。だから、相

手が目の前にいたら絶対に言わないようなことを平気で言ってしまう。

スクリーンの向こう側には、自分と同じ生身の人間がいる。たとえば、先週誕生日を迎えたばかりで、3人の親友がいるけど、恋人はいないような、どこにでもいる誰かだ。誰もがそうであるように、ひどい言葉を投げつけられれば、その人の心は傷つく。

そのことを忘れないようにしよう。今度、コンピュータや携帯電話越しに怒りをぶちまけたくなったときも、そのことを覚えていられるだろうか？

はっきりと伝えないと、痛い目に遭う

一斉送信メールは、明確にメッセージを伝えるための最高のトレーニングになる。

ＣＤベイビーには、２００万人ものユーザーがいた。

全員に送るメールの文章が曖昧だと、２万通もの問い合わせの返信が殺到する事態に陥ってしまう。そうなると大勢のスタッフが１週間がかりで対応しなければならず、莫大なコストがかかり、社内の士気も低下する。

たとえメッセージの内容が正確でも、文章全体が長いと、飛ばし読みをして内容を誤解したユーザーから、何千件もの問い合わせがくる。

絶対に誤解されないように、不要な言葉をすべて削り、これ以上ないほど簡潔かつ明快な文章をつくろうとすると、ほとんど1日がかりになる。

でも、そうするだけの価値はある。たったひとつでもわかりにくい文があると、それはすぐに5000ドルものコストに変わってしまうからだ。

残念ながら、ウェブサイトに掲載する文章を書いているときは、こうした即座のフィードバックは得られない。

その代わり、**不明瞭な文章には、何の反応も返ってこない**。どれだけウェブサイトにアクセスがあっても、ユーザーは素通りしていくだけで、こちらが望むような行動は取ってくれない。

良い印象を与えようとするあまり、わかりにくい文章を大量に掲載している新しいウェブサイトは少なくない。そうしたサイトを目にする度に、僕は思う。

もし、この文章の書き手に、何千人もの相手に一斉メールを送信した経験があれば、不明瞭な文章がいかに誤解されやすく、そのせいで大きな苦労をする羽目になることが骨身に染みてわかるはずなのに、と。

CDベイビーで一番ウケたメール

ビジネスを興すというのは、自分でルールを決められる小さな世界をつくることだ。世の中の常識や慣習は関係ない。起業家はその小さな世界を、〝物ごとはこうあるべき〟と自分が思っているものにできるのだ。

1998年にCDベイビーを立ち上げた当初は、CDを購入した顧客には、発送日を知らせる、よくある文面の自動送信メールが届く仕組みになっていた。

「お客様が注文したCDは本日発送されます。届かない場合はお知らせください。ご購入ありがとうございました」というものだ。

数カ月後、僕は、この文面は少々よそよそしいのではと感じた。

「みんなを笑顔にする」というCDベイビーの使命にもまったくそぐわない。もっとこちらの熱い気持ちを伝えられるものにできるはずだ。

そこで、20分ほどかけて、次のような愉快な文章を一気に書き上げた。

お客様のCDは、滅菌手袋をはめたスタッフによって弊社の倉庫の棚からそっと取り出され、サテンの敷物の上に置かれます。

最良の状態で発送するため、50人の従業員からなるチームがお客様のCDを検品します。

日本から来た梱包のスペシャリストが、ロウソクの明かりのもと、金色の装飾が施された最高級のケースにCDを入れます。その瞬間、周囲は緊張した空気に包まれます。

その後、スタッフ全員で盛大にお祝いをし、全員で通りを行進して郵便局に向かいます。6月6日金曜日のこの日、お客様のCDは私たちのプライベートジェット機に乗ってお客様の下へと向かいます。

ポートランド中の人々が、「ボン・ボヤージュ！」と言いながら手を振ってそれを見送ります。

お客様がCDベイビーで素敵なお買い物をしてくださったなら幸いです。お客様の写真は、「カスタマー・オブ・ザ・イヤー」として弊社の壁に飾らせていただきます。

お客様が再び弊社をご利用してくださる日が、今から待ちきれません!!

CDベイビーでCDを注文する度に自動的に送られてくるこのくだらないメールは、大いにウケた。

「private CD Baby jet」でググると、何千もの検索結果が表示されるようになった。このメールを気に入った顧客が、ウェブ上のあちこちに書き込みをしたり、友人に話したりしてくれたからだ。

結果的に、このばかげたメールは、何千人もの新規顧客を生み出した。

ビジネスを大きくする方法を考えていると、気が大きくなって、世界を変えるような壮大な計画を立ててしまったりする。

でも実際には、**口コミで広がるほどに顧客が喜んでくれるのは、ほんの些細なひと手間であることが多い。**

小さなことが、大きな違いを生む

どんな些細なやり方であれ、人を笑顔にさせることができたら、その人は̶そ̶の̶こ̶と̶で̶あ̶な̶た̶を̶覚̶え̶て̶く̶れ̶る̶だ̶ろ̶う̶。あなたが他にどんなすばらしい仕事を提供していたとしても。

CDベイビーでも、ちょっとした工夫が大きな違いをもたらしたケースがいくつもあった。

CDベイビーでは、顧客から注文が入ると、毎日午後5時に、オレゴン州ポートランドにある倉庫から、FedExでCDを発送していた。

そのため、時差のある地域からは、「いまそちらは何時ですか？　今日の発送にはまだ間に合いますか？」という問い合わせの電話がよくかかってきていた。

そこで僕は、コードを2行だけ書き足し、午後5時までの残り時間をカウントして、ウェブ画面に表示するようにした。「次のFedExの発送時間まで、あと5時間18分です」といった具合だ。

これは顧客に大好評だった。

また、CDベイビーでは「顧客からの電話には2コール以内に出ること」を目標にしていた。一年中、午前7時から午後10時の営業時間中、ずっとだ。

カスタマー・サービスの担当者が忙しい場合は、倉庫のスタッフが対応できるように、社内のいろんな場所に電話機を設置していた。

受話器を取ったら、ひと言目に「CDベイビーです!」と言うのが決まりだった。これも顧客に大好評だった! こんな電話対応をする会社は、なかなかない。

のちに業界のイベントで会ったミュージシャンたちから、CDベイビーを選んだ主な理由は、「いつでも、すぐに、本物の人間と話せること」だったとよく言われた。

CDベイビーの従業員は、特別に忙しくなければ、電話をかけてきた相手のことを知るために会話をしてもいいことになっていた。そのミュージシャンがどんな音楽をやっているかとか、現在の状況を尋ねるのだ。

それが20分間もの長電話になることもあった。でも、そういう経験をしたミュージシャンは、その後もずっとCDベイビーの忠実なファンになってくれた。

メールを送信すると、誰から送信されたのかを示すための「From：(送信元)」情報が必ず受信者に表示されるようになっている。顧客を笑顔にするために、これも活用した。コードを1行書き換えるだけで、CDベイビーからの送信メールには、「From：」の代わりに「CDベイビーは○○が大好きです」と表示されるようにカスタマイズできた。たとえば、顧客の名前がスーザンだった場合、彼女がCDベイビーから受け取るメールには、「CDベイビーはスーザンが大好きです」と表示される。これもまた顧客に大好評だった。

CDベイビーのウェブサイトに新たにアルバムを1枚追加するには、45分程度の時間がかかる。時々、その作業を終えたあとで、「気が変わったので、別のアルバムカバーやオーディオクリップでもう一度やり直してほしい」と頼んでくるミュージシャンがいた。無償で引き受けてあげたいところではあったのだが、それは難しい。

そこで僕は、双方が笑顔になれるような返答をした。それは、「ピザを1枚おごってくれるなら、何でもします」というものだった。

「ＣＤベイビーに特別な依頼がしたいのなら、地元のピザデリバリー店の電話番号をお知らせします。ピザを買ってくれたら、対処します」というわけだ。これを電話で伝えると、ミュージシャンは僕たちが本気でそう言っていると信じずに笑っていた。

でも、数週間に一度くらいの割合で、本当にピザを届けてくるミュージシャンもいた。後でミュージシャンたちから、このピザのやりとりで、ＣＤベイビーのことを最高に好きになったという話をよく聞いた。

ＣＤベイビーでは、注文を終えると、確認ページに「このアーティストのことはどこで知りましたか？　このアーティストに伝えたいことがあれば、書き込んでください。アーティストにメッセージをお届けします」と表示されるようにしていた。

「昨夜、ラジオであなたの曲を聴き、すごく気に入りました。ネットで検索して、このサイトでＣＤを見つけました。うちの学園祭にぜひ来てください！」といった熱いメッセージを書き込む顧客も多かった。

ミュージシャンたちはこうしたメッセージを受け取ると最高に喜んでくれた。ここでのやりとりをきっかけにして、顧客とミュージシャンが直に連絡を取り合うことも頻繁にあった。

これはアマゾンのような大規模なオンライン・ストアではまず起こりえないことだ。

ＣＤベイビーのサイトには、各注文の最後に、「何か特別なご要望はありますか?」と尋ねる欄があった。あるとき、この欄に「シナモンガムが食べたい」と書いた顧客がいた。倉庫の担当者が、休憩中に店に寄るついでにシナモンガムを買ってきて、ＣＤの包みに一緒に入れた。「ゴム製のおもちゃのイカを入れてくれませんか。もしなければ、本物のイカでもいいです」と書いてきた顧客もいた。

たまたまオフィスには、韓国からの来客の手土産でもらったイカの干物があった。だから、その一部をＣＤの包みに一緒に入れた。

いつか大企業になりたいと思っているからといって、最初から退屈な大企業のように振る舞う必要はない。

ＣＤベイビーの10年にわたる歴史のなかで、誰かから大好きだと熱烈に言われたとき、たいていその理由は、こんな小さくて楽しい人間的な触れ合いだったように思う。

自営業者マインドの罠

自営業者は、「うまく人に仕事を任せられない」という罠にはまりやすい。

仕事は忙しいのに、何でも自分でしようとする。助けがいるのはわかっていても、**人を見つけて仕事を教えている時間がない！**　だから、独りで抱え込み、限界がくるまでがんばってしまうのだ。

僕がこの思考回路からどんなふうに抜け出したか、ささやかな経験談を話そう。

2001年、CDベイビーを設立して3年が経過した頃のこと。従業員は8人に増えていたが、僕は相変わらず、何もかもを自分でやろうとしていた。週に7日、午前7時から午後10時まで働き、どんな判断もすべてが僕を通過するような仕組みになっていた。

5分ごとに従業員から質問された。

「デレク、掲載済みのアルバムのアートを変更したいというミュージシャンがいるんだけど、何て答えればいい？」

「デレク、電信送金での支払いも受け付けられる？」

「デレク、今日2件注文をした人が、ひとつの便でまとめてCDを発送すれば、1件分の送料を返金できるはずだと尋ねてきたんだけど、どうすればいい？」

一日中、質問に答えながら仕事をするのは大変だった。

出社して廊下に椅子を置いて座り、従業員の質問にフルタイムで答えたほうがマシかもしれないと思ったくらいだ。

僕はやがて限界に達した。

会社に行くのをやめ、携帯電話の電源も切った。そして気づいた。自分が問題を解決しようとしているのではなく、問題から逃げていることに。この**状況を変えなければ、僕はいずれ破綻してしまう。**

ひと晩熟慮して、考えを整理してみた。そして、僕は人に仕事を任せることにした。自分がいなくても、会社が回るようにしなければならないと気づいたのだ。

翌日、オフィスに足を踏み入れたとたん、さっそく従業員から質問された。

「デレク、昨日、僕たちにCDを送ってきたミュージシャンが、気が変わったから返送してほしいと言ってる。CDを登録する作業はもう終わってるんだけど、まだサイト上に公開されたわけじゃないから、登録料を返金してもらえないかというんだ」

今回は、その場でその従業員に答えるのではなく、「1分だけ話をさせてほしい」と言って全員をその場に集めた。

まず、状況をもう一度説明してもらい、次にその従業員の質問に対する僕の答えを述べた。ただしそれよりも重要なのは、僕の答えの背後にある考え方をみんなに理解してもらうことだった。

「この場合、全額返金してもいい。たしかに会社は少し損をする。でも、特別大きな損失を出さない限り、顧客を幸せにすることを一番大切にしよう。これが、CDベイビーの考え方なんだ。

それに、こうした小さな出来事で、そのミュージシャンは周りに〝CDベイビーはすごくいい会社だ〟という良い評判を伝えてくれるかもしれない。僕たちの使命はまず、ミュージシャンの助けになること。利益はその次でいい。

これから同じような状況が起こったら、この考えを基準にして、各自がその場で判断してくれてかまわない。ミュージシャンにハッピーになってもらえることをしよう。僕たちと関わる人を、みんな笑顔にしよう」

僕は、全員にこの考えを理解してもらったことを確認した。

そして、従業員の1人に、こういった状況に対する答えと、その背後にある考え方を、マニュアルとして書いてもらった。

それから、みんなまた仕事に戻った。

10分後、別の質問をされた。今回も、同じプロセスを繰り返した。

1 全員を集める。
2 質問への答えを述べ、その背後にある考え方を説明する。
3 全員にその考え方を理解してもらったことを確認する。
4 誰か1人に、質問とその答え、背後にある考え方をマニュアルに書いてもらう。
5 次に同じような問題が起こったら、僕抜きで判断をしていいと全員に伝える。

これを2カ月続けた結果、僕への質問はなくなった。

僕は、自分が担当していた残りの仕事のやり方を従業員に教えた。その際、それをマニュアルに書き、それを使って別の従業員にも教えてもらうようにした（誰かに教えることで、教えた側の理解も深まるから）。

これで、僕がいなくても、CDベイビーの業務は回るようになった。

僕は自宅で働き始めた。オフィスにまったく行かなくなった。

新人を採用する際の考え方や判断基準も従業員に教えていた。だから、新しい従業員2人は、まったく僕を介さずに、他の従業員が募集し、面接し、雇用し、研修した。

マニュアルは、新入社員がCDベイビーの理念や歴史を理解し、自らの判断で仕事をしてもらうためにも役に立った。

僕は週に一度、会社に電話をして、何か問題はないかを確認した。

問題はなかった。何の質問もされなかった。

チームがビジネスを運営してくれるようになったので、僕はビジネスを改善する作業に集中できるようになった！

僕はカリフォルニアに引っ越した。従業員に、CDベイビーの運営は任せた、というメッセージを伝えたかったからだ。

1日12時間働いていたのは以前と同じだった。だけど今は、その時間のすべてを業務の改善や最適化、改革に費やせるようになった。これは僕にとってとても楽しいことだった。

それは仕事ではなく、遊びだった。

僕がオフィスに出社しなくなってから、CDベイビーは4年間で売り上げが100万ドルから2000万ドルに、従業員が8人から85人に成長した。

自営業者のマインドセットと経営者のマインドセットのあいだには大きな違いがある。

ビジネスオーナーが自営業者マインドに縛られていると、「自分が休むとビジネスが回らなくなってしまう」という恐れから、休めなくなってしまう。

これに対し、真の経営者マインドがあるビジネスオーナーは、戻ってきたときにむしろ経営が上向いているような形で、1年間、会社を離れられる。

(興味がある人は、マイケル・E・ガーバーの『はじめの一歩を踏み出そう――成功する人たちの起業術』〔世界文化社〕を読んでみてほしい)

カジュアルなやり方でも構わない

僕の採用方針は、ばかみたいにシンプルだった。

忙しすぎて採用に時間を割くことができなかったので、人手が足りなくなると、従業員に「仕事を探している友達はいない？」と尋ねた。

たいていの場合、従業員の友人に、CDベイビーでの仕事に興味を持ってくれる人がいた。僕は「じゃあ、さっそく明日の朝から来てもらうよう伝えてほしい。時給は10ドル。仕事のやり方は君が教えてくれ」と言う。

なぜこんなやり方をしていたかというと、実際に数週間働いてもらうまで、その人の働きぶりがどんなものかはわからないからだ。

だから、軽い気持ちで雇って、この職場に合わなければ辞めてもらえばいいと考えていた。幸い、辞めてもらうケースはめったになかった。

それに、友人の紹介で働き始めるというのは、職場で信頼関係を築くという点で、かなり役に立っていたはずだ。

CDベイビーは、CDの通販をしていたので、従業員のほとんどは倉庫で働いていた。そんな職場なら、こういうやり方が珍しいわけじゃないかもしれない。でも僕は、ITシステムの管理者の採用でも、同じようにカジュアルなやり方をしていた。

「Linuxが得意なプログラマーの友達はいない？　いる？　彼はここでうまく働いてくれそう？　なら、明日から来るように伝えて」というように。

CDベイビーで長年、とても重要な役割を担ってくれた2人のIT技術者、ライアンとジェイソンも、こんなふうに見つけた。

MBAの教授たちに、ビジネスのやり方を採点されているわけじゃない。カジュアルな方法で進めればいい。

世間知らずも悪くない

僕の初めての仕事は、ワーナー・チャペル・ミュージック社でライブラリアンとして働くことだった。

僕はこの仕事が大好きだった。当時は大学を卒業したての20歳で、ニューヨーク市に引っ越してきたばかりだった。真剣に仕事に打ち込み、多くを学んだ。

でも2年半後、フルタイムのミュージシャンになるという夢を叶えるために、この仕事を辞めることにした（そこにいると居心地が良すぎるという理由もあった。無理にでも辞めないと、一生そこにいるのではないかという怖さがあった）。

それまで仕事を辞めたという経験がなく、どうすればいいのかがわからなかった。

だから、自分なりに礼節のある方法を取ることにした。自分の代わりを自分で見つけて、引き継ぎをしたのだ（「辞めたいと思ったのは僕で、上司のせいでもないのだから、それは僕の問題で、上司の問題ではない」と考えたからだ）。

以前から適任だと見込んでいた旧友のニッキーに、僕と同じ給料でこの仕事をオファーした。実際に職場に来てもらい、僕が担当していた業務を1週間かけてすべて彼女に教え込んだ。

引き継ぎが完了したら、金曜日の午後に上司のオフィスの扉をノックし、中に入ってこう言った。「仕事を辞めさせてください。もう代わりの人を見つけて、引き継ぎを済ませました。彼女はとても優秀です。月曜日から僕の代わりに働きます」

上司はちょっとあっけにとられていたが、「えーっと、そうか。わかった。君が辞めると寂しくなるよ。彼女を人事部に連れて行って、手続きをしてくれ」と言った。

それから10年後。自分の会社を経営するようになった僕は、従業員から初めて辞めたいと告げられた。

「残念だな。でもしょうがない。これからの幸運を祈る。で、君の後釜は誰だ？」と僕は言った。

彼は困惑した様子だった。

「後任を見つけて、引き継ぎをしたのかい？」

彼は呆然とした顔で、「いえ。してません。だって……それはあなたの仕事でしょう？」

今度は僕が呆然とした。何人かの友人に聞いてみると、正しいのは彼のほうだということがわかった。

代わりを見つけて引き継ぎを済ませておかなくても、仕事は辞められる。僕は、それを知らなかった。何年ものあいだ、僕は自分のしたことが普通だと思い込んでいた。

ただし、こんなふうに世間知らずでいることにはいいこともある。世の中のしきたりに従うのではなく、**何の偏見も持たずに、自分が正しいと思う行動を取れること**だ。

余計なアドバイスはしない

「これは私の2セントです（My two cents）」というアメリカのスラングがある。求められてもいないのに〝これはただの（価値のない）個人的な意見だけど〟と一言、意見を述べるときに使われる常套句だ。

従業員が上司にこう聞いてきた。「この新しいデザインに2週間取り組んできました。どう思いますか？」

上司は答える。「いいね。でも、この部分の青を金色にして、この〝巨大な〟という表現を〝莫大な〟に変えて、この線を削除したら、もっと良くなるかもしれない。それ以外は最高だ」

上司にこう言われたら、従業員はそのとおりに変更しなければならない。

しかし、これには大きなマイナス面がある。従業員が、「このプロジェクトは自分のものじゃない」という感覚を持ってしまうことだ（上司は上司で、「どうしてあいつはやる気がないんだろう？」と疑問に思っている！）。

では、代わりに次のようになったらどうなるだろう。

従業員が上司にこう聞いてきた。「この新しいデザインに2週間取り組んできました。どう思いますか？」

上司は答える。「完璧だよ。すばらしい！」

このわずかな差が、モチベーションに大きな違いをもたらす。この従業員は、自分の責任でプロジェクトを動かしているという実感を持てるので、意欲が高まり、熱心に取り組むようになる。

上司の意見が、他の人の意見よりもすぐれているとは限らない。でも、上司の意見は、他の人の意見とは意味合いが違う。そう、それは命令になってしまう！

だから、ちょっとした「余計な一言」、その「2セント」が上乗せされてしまうことで、従業員の士気は格段に下がる。

上司が何にでも口を挟むと、ビジネスはうまく回らなくなる。こういう場面で上司が何も言わないのは大切なことだ。

ただ頭に浮かんできたという理由で、思ったことを何でも口に出すべきじゃない。

もちろん、「2セント」以上の変更が必要な場合は、このルールに従う必要はない。けれど、ただの思いつきで非建設的なことを言うくらいなら、部下を信じて黙っていたほうがましだ。

そうすることで、部下に「このプロジェクトは自分がリーダーシップを発揮して進めている」という感覚を持ってもらえる。その価値は計り知れない。

常に「2倍」の成長に備える

CDベイビーは立ち上げからの6年間、毎年2倍の速さで大きくなっていった。顧客数も利益も、ほぼ100%の成長率だった。

扱うCDが増えるにつれ、棚を次々と買い足していかなければならなかった。毎回、収納量をそれまでの倍にした。倉庫を持つようになっても、すぐに満杯になった。

5000平方フィートの倉庫がいっぱいになり、1万平方フィートの倉庫を借り直した。その倉庫も棚で埋め尽くされると、2万平方フィートの倉庫を借りた。そこもすぐに満杯になった。

業種を問わず、「今のビジネスの規模が2倍になったらどうなるだろう?」と事前に準備しておくのは良いことだ。

今顧客を10社抱えている企業なら、「20社に増えたらどうなるか?」と考える。毎日80

人にランチを提供しているレストランなら、「160人来店したらどうなるか？」と考える。

「数が増えるだけで、やることは同じだろう」と考えてはいけない。2倍の量に対処するには、やり方を根本から変えなければならない。プロセスを合理化しなければならない。

せっかくビジネスがうまくいっているのに、対応に追われてパニックになるような、よくあるスモールビジネスの悲劇に陥ってはいけない。

そんな状態になってしまうと、「私たちにはこれ以上、手に負えません！」という強いメッセージを周囲に発することになる。

普段から、仕事量が現在の2倍に増えても対応できるようにしていると、「もっと来てください。まだまだ余裕がありますよ」というポジティブなメッセージを発信できるのだ。

「どうなりたい」かで判断する

僕は14歳の頃から、一流のボーカリストになりたいと思っていた。でも、音程も、声のトーンもいまいちで、みんなからボーカル向きではないと言われた。

ボイスレッスンを11年間も受け続け、毎日最低1時間は歌の練習をしていた。バンドでは常にリードボーカルを務め、週に数回はライブをして、できる限りステージでの経験を積んでいた。

その間もずっと、「お前は歌うのに向いてない。諦めて本物のボーカルを探せ」と言われ続けた。

25歳の時、初めて自分のバンドでアルバムのレコーディングをした。それを聞いた音楽のメンターから、「デレク、君はシンガーじゃない。本当にもうやめるべきだ。ソングライターに専念して、代わりに才能のあるボーカルを見つけたほうがいい」と諭すように言われた。

でも、僕は動じなかった。自分にはまだ伸びしろがあると信じていたからだ。

28歳の時、歌が上手くなってきたと感じるようになった！　新曲を何曲かレコーディングしたが、初めて自分のボーカルをとても気に入った。

そして29歳の時、僕はついに成し遂げた。

15年間の練習と、何千回ものライブを経て、少なくとも自分の基準では、とても良いボーカリストになった（僕が歌うのを初めて聞いた人たちは「歌うことは、生まれながらの才能を持っているかどうかで決まる。君はラッキーだね。天性の才能に恵まれたのだから！」と言った）。

僕にとって何よりも大切だったのは、良いボーカリストが**欲しかった**のではなく、自分が良いボーカリストに**なりたかった**ということだ。

プロデューサーになりたいと思ったのも同じ理由だ。

僕はレコーディング・スタジオのエンジニアリングや制作技術を学んで、自分でアルバムを録音できるようになりたかった。レコーディングのノウハウを知れば、それが今後の音楽制作に大きく役立つと思ったからだ。

自分で家を建てれば、その家のことがよくわかるようになるのと同じだ。

友人やメンターからは、「そんなのはばかげている。スタジオを借りて、優秀なエンジニアやプロデューサーを雇うべきだ」と言われた。

たしかに、すべてを一から自分でやろうとすれば何年もかかる。いい人を雇えば数週間で仕事を終わらせられるだろう。

でも、僕は数年かけてレコーディング技術を身に着けた。それは、これまでの人生でもとりわけやりがいのある経験になった。

その後の数年間は、何人かの友人のミュージシャンたちのアルバムの制作やエンジニアリングをすべて引き受けた。何をどうすればいいかはわかっているし、やっていて最高に楽しかった。

プログラミングでも同じ。CDベイビーを始めたとき、僕は初歩的なHTMLしか知らず、プログラミングの技術はまったくなかった。

けれどもサイトが成長するにつれ、ＨＴＭＬだけでは対処できなくなった。技術系の友人から、サーバーサイドのデータベース駆動型の自動化システムをつくらなければならないと言われた。

プログラマーを雇う余裕はなかったので、僕が技術を身に着けるしかなかった。だから、前にも述べたように、書店でＰＨＰとＭｙＳＱＬの本を買い、独学を始めた。時間はかかったが、とても楽しかった。

レコーディング技術を学んだときと同じく、自分の思いどおりに物ごとを進められるようになれたのがよかった。どんなことが行われているのかを謎のままにしておいて、毎回、誰かの力に頼るよりも。

会社が大きくなっても、プログラミングはすべて僕１人でやっていた。

みんな、それを聞くと驚いていた。でもオンラインビジネスにとって、プログラミングをアウトソーシングすることは、バンドが曲づくりを外注するようなものだ。

これは僕にとって、ただのビジネスではなかった。それは僕の創作物だった。芝刈りのように、誰かに気軽に頼めるようなものではなかった。曲を書くのと同じくらい大切なものだった。

僕がプログラミングをすべて自分で行うことに固執するので、従業員は「新しい機能がなかなか追加されない」と不満気だった。新しい機能がないために、何百万ドルも損をしていると言われた。

でも構わなかった。自分の手でプログラミングをして機能を加えていくやり方が好きだったからだ。僕はそれでハッピーだった。

何かを実現したいとき、その方法を自分で学びたいと言っても、周りは理解してくれない。目的は何かを実現することなのだから、そのやり方を自分で学ぼうとするなんて、最も非効率的な方法だ、と。

でも、そこでは、学ぶことや自分で手を動かすことの喜びが忘れられている。

たしかに、時間はかかるかもしれないし、非効率的かもしれない。自力でやることにこだわっていると、ビジネスの成長が遅れ、機会を逃して数百万ドルも損をしてしまうかもしれない。

それでも、何をするにしても、一番大切なのはハッピーになることだ。それが何よりも重要なはずだ。

何でも専門家に外注すれば、成長は速く、大きくなり、数百万ドルを稼げるようになるかもしれない。でも、ビジネスを大きくして大金を稼ぐことの目的は何だろう？　それは、ハッピーになることではないだろうか？

結局のところ、大切なのは、**どんなふうになりたいかということで、何を手に入れたかではない。**

何かを得ること（レコーディングを完成させる、ビジネスを成し遂げる、数百万ドルの収益を出す）は手段であって、目的ではない。

一番の目的は、何かであること（良いボーカリスト、熟練した起業家、または単にハッピーであること）であるはずだ。

たとえば、マラソン大会に申し込むとする。大切なのは自分の脚で走ることであって、ゴールまでタクシーで行っても価値はない。それと同じだ。

ジョブズの基調講演でディスられた日

2003年5月、僕はアップルの本社に招待された。目的は、CDベイビーで扱うCDを同社のiTunes Music Storeに取り込む件について話し合うこと。

iTunesはその2週間前にリリースされたばかりで、一部のメジャーレーベルの曲しか扱っていなかった。音楽業界は、アップルのこのアイデアがうまくいくかどうか半信半疑だった。

数年前に、まったく同じモデルを採用して、たいして成功を収められなかったeMusicのような会社の事例もあった。

マーケティング担当者か技術担当者に会うのだろうと思いながら、同社の本社があるカリフォルニア州クパチーノに飛んだ。現地に到着してみると、小さなレコード会社や流通業者など、100人前後の人たちが招待されていた。

全員、これから何が始まるのか知らされないまま小さなプレゼンテーション・ルームに招き入れられた。

すると、スティーブ・ジョブズが姿を現した。ワオ！　ロックスターの登場だ。

ジョブズは、〝さあ、これからお前たちを説得するぞ〟という完全なプレゼンテーション・モードに入っていた。

その場にいた全員に対して、取り扱っている音楽の全ラインアップをアップルに提供するよう呼び掛け、これまでのiTunesの成功と、アップルに協力すべきありとあらゆる理由について熱く語った。

「iTunes Music Storeでは、これまでに録音されてきたあらゆる音楽を扱いたい。廃盤になっているもの、売れないものも含めて、すべてだ」とジョブズは言った。

これはとても大きな意味のあることだった。２００３年までは、インディーズのミュージシャンの楽曲は、大手の流通網では扱ってもらえなかったからだ。

アップルが、大手企業に著作権を譲渡したアーティストの音楽だけでなく、インディーズを含めたあらゆるアーティストの音楽を販売する。これはとてつもなくすごいことだ！

アップルの担当者が、各アルバムを登録するのに必要なソフトウェアの説明をした。このソフトウェアでは、オーディオCDをMacのCD-ROMドライブに入れ、アルバム情報、曲名、アーティストの略歴をすべて入力し、「エンコード」をクリックしてリッピングし、完了したら「アップロード」をクリックする必要があるという。

僕は挙手し、このソフトウェアを使うことは必須なのかと尋ねた。アップルの担当者はそうだと答えた。

僕はもう一度、「CDベイビーではすでに10万枚以上のアルバムをロスレスWAVファイルとしてリッピングしていて、なかにはアーティスト自身が入念に確認したデータもある。アップルが求める仕様どおりにサーバーに情報を送信できる状態にあるけど、それでもこのソフトウェアを使う必要がある？」と質問した。

アップル関係者は「申し訳ないが、このソフトウェアは必須だ。他に方法はない」と答えた。

うーむ。つまり僕たちは、すべてのCDを1枚ずつ棚から取り出して、MacのCD-ROMドライブに入れ、全曲のデータをカット・アンド・ペーストして、アップルが指定したソフトウェアに入力し直す必要があるということだ。

でも、しかたない。アップルがそれを必要としているのなら、他に選択肢はない。アップルによれば、このソフトウェアを用いたデータのアップロードは、数週間以内に開始できるとのことだった。

その夜、僕は飛行機で家に帰り、ミーティングのメモを自分のウェブサイトに掲載し、クライアント全員にメールでこの件について知らせ、眠りについた。

目覚めると、激怒したアップルの担当者からメールとボイスメールが届いていた。

「いったい何をしてくれたんだ。あの会議の内容は極秘事項だぞ！　公開したメモをすぐにウェブサイトから削除してくれ。法務部が激怒してる！」

ミーティングでは守秘義務についての話はなかったし、同意書への署名も求められなかった。それでも、僕は彼らの言い分を素直に受け入れ、即座にサイトからメモを削除した。そして、これでもうこの件は終わりだと思っていた。

アップルがiTunes Music Storeの契約書をメールで送ってきたので、すぐにサインしてその日のうちに返信した。僕は、ＣＤベイビーに登録されている音楽をiTunesに提供するためのシステムをつくり始めた。

そして、CDを倉庫から取り出し、情報を入力し、デジタル化し、アップロードし、倉庫に戻すための人件費やシステム費用として、このサービスに対してCD1枚当たり40ドルを請求すると決めた。

5000人のミュージシャンと事前に契約し、まずそれぞれ40ドルを支払ってもらった。その総額は20万ドルになった。この20万ドルで、これを実現するために必要な機材や人件費を賄える。

2週間以内に、Rhapsody、Yahoo! Music、Napster、eMusicなどの配信業者から連絡があった。どの音楽配信ビジネスも、僕たちの扱うすべての曲が欲しいと言ってきた。もちろん、イエスと答えた。これはすごいことだ！

現在の感覚からすると考えられないかもしれないが、2003年の夏はインディペンデント・ミュージック界にとって最大の転機になった。それまで、インディーズの音楽を売ってくれる大企業は皆無に近かったからだ。

iTunesが、あらゆる楽曲を求めていると言ったことで、競合他社もそれに後れを取らないようにしなければならなくなっていた。僕たちはその変化の渦中にいた。

２００３年夏以降、世界中のあらゆるミュージシャンが、オンライン上でのほぼすべての流通経路から自分たちのすべての楽曲を販売できるようになった。それは革命的なことだった。

しかし、僕たちにはひとつ問題があった。**アップルからの返答がなかった**のだ。Yahoo!、Rhapsody、Napsterなどの企業とは着々と手続きを進めていた。

でも、アップルは僕たちがサインした契約書を返してくれなかった。僕がミーティングの会議メモを自分のウェブサイトにアップしたからだろうか？　僕はスティーブ・ジョブズを怒らせてしまったのだろうか？

アップルの誰からも連絡はなかった。数カ月が経過した。ＣＤベイビーのミュージシャンたちは焦りと怒りを募らせていた。僕は彼らに謝りながらも、楽観的な気持ちを保っていた。でも、さすがに不安になり始めた。

１カ月後、スティーブ・ジョブズがiTunesに関する特別なキーノート（基調講演）を世界同時配信で行った。当時、iTunesに対して、競合のサービスに比べて提供される音楽が少ないという批判があった。

Rhapsody や Napster が２００万曲以上を提供していたのに対し（そのうち50万曲以上がＣＤベイビーのものだった）、iTunes はわずか40万曲だった。

４分後、ジョブズは僕のドキドキする心臓を、激しい胃の痛みに変えるようなことを言った。

「もしどんな曲でも受け入れるつもりがあるなら、この数は楽に増やせただろう。でも、我々はレコード会社がすばらしい仕事をしていることに気づいた。彼らは、ちゃんと選別をしているんだ。

たとえば、あなたや私のような音楽の素人でも、曲をつくって録音し、仲介業者に40ドル払えば、オンラインで曲を売れるということを、みなさんはご存じだろうか？ 40ドル払うだけで、Rhapsody や他の配信業者で自分の曲を売ってもらえる。だが私たちのサイトでは、そんなものは売りたくはない。だから、私たちもちゃんと選別をしている。

iTunes に登録されている40万の曲は、どれも質が高いものばかりだ」

ワオ！ 僕はスティーブ・ジョブズにディスられてる！「40ドル」という額をミュー

ジシャンに請求しているのはＣＤベイビーだけだ。つまり、ジョブズは僕を名指ししている。

悔しいけどしかたない。ジョブズは考えを変えた。iTunesではインディーズの音楽は扱わない。そういうことだ。

その結果、僕は嫌な立場に身を置くことになった。１９９８年に会社を設立して以来、取引先のミュージシャンには最善のことをしてきたつもりだ。約束は必ず守ってきた。

それが可能だったのは、すべてを自分自身でコントロールできていたからだ。でもこのiTunesの件で、初めて自分の手に負えないことを約束してしまった。そして結果的に、約束を破ることになってしまった。

だから、どれほど痛手を被るとしても、正しいことをした。

深い謝罪の言葉とともに、ミュージシャン全員に40ドルを返金したのだ。５０００人のミュージシャンが登録していたので、**返金額の総額は20万ドル**になった。

ＣＤベイビーにとってはかなりのダメージだったが、ミュージシャンにはiTunesの件で何も約束できなかった。良心に従い、そうするしかなかった。

僕は、自分のサイトからiTunesに関する記述をすべて削除した。40ドルという金額の記述も削除した。「iTunesへの登録に関しては、何も約束できない」とはっきりと書いた。

そして、ミュージシャンたちに事情を説明するためにメールを送った。そして、その時点からこれを無料のサービスにすることにした。**その翌日**、アップルからサイン入りの契約書とアップロード手順が書かれた指示書が送られてきた。信じられなかった。

「なぜ今になって?」と尋ねたが、きちんとした説明はしてもらえなかった。もうどうにでもなれ、だ。まったく、アップルめ。

すぐに、楽曲データのエンコードとアップロードを開始した。僕はひそかに、CDベイビーが対応する配信業者のリストにiTunesを戻した。

でもそれ以降、自分が完全にコントロールできない何かについて、僕が顧客に約束することは二度となかった。

330万ドルのミス

10代の頃から時々、父親から契約書の類いが送られてくることがあった。それは、父がしているビジネスに関するもので、僕の署名が必要なのだという。

中身は難しかったし、理解する必要もないと思っていたので、僕はいつも文面を読まずにただ署名して送り返していた。

CDベイビーを始める4年前、最初のアルバムをレコーディングしていたとき、スタジオ機材の購入費用のために、父に2万ドル貸してほしいと頼んだ。

父は「金を借りるんじゃなく、会社を立ち上げてくれ。そうしたら、私の会社がお前の会社の株を2万ドル分買うから」と言った。

だから、僕はそのとおりにした。自分のバンドの名前が「ヒット・ミー（Hit Me）」だったので、社名は「ヒット・メディア」にした。

父の会社が株を買ってくれたおかげで、僕はアルバムを仕上げることができ、レコーディング・スタジオを黒字で運営し続けることができた。

4年後、ニューヨーク州のウッドストックに住んでいた僕は、CDベイビーという小さな趣味を始めた。

最初に「CDベイビー」宛の小切手を受け取ったとき、僕はそれを銀行に持って行き、窓口係に「新しいビジネスを始めたいので、法人口座をつくりたいのですが」と尋ねた。

彼女は「ああ、その必要はありません。ヒット・メディアの口座を別名で使えば大丈夫です」と教えてくれた。

当時のヒット・メディアの仕事はレコーディング・スタジオの運営と、ブッキング・エージェンシーで、CDベイビーはそれとは違うまったく新しいビジネスだった。

だから、ちょっと違和感があった。でも、口座開設にかかる時間を10分と、手数料を100ドル節約できたので、言われたとおりにした。

それから4年後、CDベイビーは絶好調だった。売り上げは数百万ドルに達し、純利益も50万ドル近くはあったはずだ。僕は父に借りた2万ドルを返すことにした。

1月に経理担当者に電話して「会計帳簿の残高をぜんぶ確認したよ。今年の初めに返済を申請したほうがいいかな?」と尋ねた。

すると彼は、「申請する必要はないですよ。CDベイビーはお父さんの会社の確定申告の項目のひとつですから」と言われた。

「え? 何だって?」僕は尋ねた。

「お父さんの会社がCDベイビーの株の9割を所有しているのを知らなかったんですか?」

「うそ? 本当に?」

「知らないなら、お父さんと話したほうがいいですよ」

たしかに、僕が文面を読まずに署名した書類のひとつは、ヒット・メディア社の株式の9割を父の会社に売るという内容の契約書だったことがわかった。

そして、銀行の窓口でCDベイビーをヒット・メディア社の法人口座の別名として使うように言われてそれに従ったため、父の会社がCDベイビーのビジネスの9割を所有することになっていた。

心底がっかりした。長年自分の会社だと思っていたものは、実は自分の会社ではなかったのだ。僕はこの会社の株を1割しか所有していなかった。

父に腹は立てられなかった。当時、彼はよかれと思ってこの話を持ちかけてくれたのだし、僕が契約の中身を理解しているとも思っていた。

それにあのとき、僕の小さな趣味が数百万ドルのビジネスになるとは、誰も想像していなかった。

契約書の中身を確認せずに署名したのは僕だ。銀行の窓口係のとっさのアドバイスに従って、ビジネス上の大きな決定をしてしまったのも僕だ。

しかも、元の2万ドルでは株を買い戻せなかった。国税庁のルールでは、それは許されなかった。株を買い戻す唯一の方法は、市場価値に応じた額を支払うことだった。

結局、僕はこの9割の株を買い戻すために、330万ドルも支払わなければならなかった。

エニシング・ユー・ウォント（好きなことをやれ）

ビジネスが軌道に乗ってしばらくすると、経営者は岐路に立たされることになる。その分かれ道でどちらに進むかには、大きな違いがある。

誰もが、会社のオーナーとしての経営者に、社長らしく振る舞うことを期待する。他の社長たちと贅沢な会食をしたり、大きな取引をしたりすべきだ、と。

でも、それが嫌いだったらどうすればいいのだろう？　もし、自分が一番好きなのは、独りで黙々と職人的な作業をすることだったら？　あるいは、顧客と気さくにいろんな話をすることだったら？

経営者は、自分の好きな役割、得意な役割を担えばいい。

自分にとっては苦手で、いやでいやでたまらないという仕事でも、それが大好きだという人がいるものだ。そういう人を見つけて、任せてしまおう。

僕は、独りでデスクの前に座り、プログラミングや執筆をしたり、何かを計画したり、新しい企画を立てたりするのが大好きだ。アイデアを考え、実現させる。それが何よりも楽しい。

ビジネスの取引や経営は、僕にとってはあまり楽しいことではない。だから、こうした実務的な仕事は、それが好きな他の誰かに任せた。

社長らしく振る舞わなければ、周りからの反発や誤解を招くこともあるだろう。でも、それを気にする必要などあるだろうか？

経営者は、世間が求めるとおりに行動し続けることはできない。**自分が一番好きなことをしていないと、いずれはビジネスそのものに対する興味を失ってしまう**からだ。

同じく、世間は「経営者とは、会社をできる限り大きくしたいと思っているもの」と考えている。でも、それがどの経営者にも当てはまるとは限らない。

会社を大きくするためには、大量の会議をし、大勢の投資会社や銀行の担当者と会い、無数のメディアに対応し、周りからの山ほどの質問に答えなければならない。でもそれらは、ビジネスをする本当の理由ではない。

どんなことであれ、それをする本当の理由はハッピーになることではないだろうか？「お金のため」という答えもあるかもしれないが、お金も、ハッピーになるための手段にすぎない。

しかも、お金は一定以上に増えると、幸せをもたらすより、むしろ頭痛の種になることがある。10億ドルのビジネスよりも、１００万ドルのビジネスのほうがはるかに幸せになれるかもしれないのだ。

おかしな話だけれど、僕はＣＤベイビーを成長させたいとはまったく思っていなかった。最初から、この趣味の仕事でミュージシャンとしての自分のキャリアが邪魔されることは望んでいなかった。でも、結果的にそうなってしまった。

従業員が２人程度以上に増えたり、自宅以外の場所を仕事場として借りなければならなくなったりするのも嫌だった。でも、結果的にそうなってしまった。

従業員が20人になったとき、ビジネスの規模を小さく抑えようと心に誓ったが、需要は増え続け、顧客を満足させ続けなければならなかった。

従業員が50人になったとき、もうこれで十分だ、成長を抑えなければならないと決心したが、それでもビジネスは大きくなり続けた。

「会社を成長させるためにどんなことをしているのか？」と尋ねられると、僕は「何もしてない！　むしろ成長を止めようとしてるよ！　すでにこの状況に困っている。ビジネスが大きくなりすぎたんだ」と答えていた。

すると、相手は僕が何を言っているのかちっとも理解できないという顔をした。どんな会社でも、できる限り大きくなることを望んでいるのではないのか、と。

そうではない。**大切なのは、何をすれば自分がハッピーになれるかをはっきりさせることだ。それを忘れないようにしよう。**

信頼するが、検証もする

２００５年、ＣＤベイビーの主なビジネスは、iTunesやAmazon、Napster、Rhapsody、MSN、Yahoo!をはじめとする50以上のデジタル音楽配信業者に、契約しているミュージシャンの音楽をデジタル配信することだった。

これは、ミュージシャンが新規でＣＤベイビーと契約する主な理由だった。だから、この役割をきちんと果たせるかどうかは、会社にとって死活問題だった。この分野には競合も多く、すべてを滞りなく進めていくことが極めて重要だった。

この作業の大部分を自動化するシステムはすでに構築していた。それでも、出力を実行し、ハードドライブを接続し、配信業者に出荷するには、人間による手作業が必要だった。

そこで僕は、この重要な仕事を任せるために、良さそうな人を雇った。１週間、彼の隣に座って、手本を示しながら、仕事のやり方を説明した。彼はすべて理解してくれた。

重要なのは、どんなことがあっても、毎週、すべてのデジタル音楽配信業者に、すべてのアルバムを届けなければならないということ。

彼には「どんなことがあっても、毎週、すべての配信業者に、すべてのアルバムを届ける」と大きな文字で書かれた契約書にサインしてもらい、それがどれほど大切なことかを口を酸っぱくして説明した。

とにかく重要だったので、彼に与えられている仕事はそれだけだった。彼はその条件に同意した。

最初の数週間、彼の仕事ぶりを注視した。特に問題はなかったので、僕は他の仕事に注意を向け始めた。

数カ月後、ミュージシャンたちから「自分の音楽が配信業者に送られていない」という苦情が寄せられるようになった。

慌ててシステムにログインした。NapsterやAmazonなどの配信業者に、何カ月もCDベイビーのミュージシャンの音楽が送られていなかったことが判明した。何カ月もだ！

すぐに彼に電話して、状況を尋ねた。「仕事が多すぎて、滞っていたんです。本当に忙しかったので」と彼は言った。

「ちょっと待ってくれ！　僕が君に一番大切だと伝えたことは何だ？　君の仕事の唯一の使命は？」と僕は言った。

「知ってます。どんなことがあっても、毎週、すべての配信業者に、すべてのアルバムを届けることです。でも、本当に忙しかったんです」

僕はポートランドに飛び、彼を解雇した。それまで、こんなに短期間で従業員をクビにしたことはなかった。でもこのときばかりは、さすがにそうせざるをえなかった。

ＣＤベイビーの評判はガタ落ちだった。

この業務は会社の存続に関わるほど重要だったので、しばらくは僕自身が担当することにした。加えて、ミスを二度と繰り返さないシステムの構築にも取り組んだ。

それから半年間、僕はポートランドにある会社の倉庫に寝泊まりして、このデジタル配送業務だけに専心した。

数カ月分の滞りを取り戻すために、毎日15時間も働かなければならなかった。それでも、最終的にはシステムはスムーズに稼働するようになった。
僕は痛い目に遭うことで、教訓を学んだ。
信頼するが、検証もする。
人に仕事を任せるときは、このことを覚えておいてほしい。

任せても、放棄してはいけない

どんな経営者にとっても、人に仕事を任せるのは簡単ではない。僕の場合、それがとりわけ難しかった。

うまく人に仕事を委任できるようになるためには、人一倍の努力が必要だった。僕は、自分にこう言い聞かせた。

「自分独りで抱え込まず、うまく仕事を手放すべきだ。従業員には、裁量権を与えるべきだ。いちいち僕の判断を仰がずに、各自の判断で物ごとを進めていってもいい、と伝えなければならない」と。そして、そのことを実践していった。

「新オフィスのレイアウトは、どんなふうにすればいいですか?」と従業員に尋ねられたら、「何でもいいよ。君たちが好きなようにすればいい」と答えた。

「どの医療保険と法人契約すればいいですか?」と聞かれたら、「どれでもいいよ。決めてくれたら、会社で保険料を払うから」と答えた。

「利益分配計画はどうしますか?」と質問されたら、「君たちがベストだと思う方法にすればいい」と言った。

その結果、CDベイビーは、地元誌から「オレゴン州で一番働きやすい会社」に選ばれるような会社になった。

半年後、会計士から電話があり、「従業員が利益分配プログラムを立ち上げたのを知っていますか?」と言われた。

「ああ、知ってるよ。どうしたんだ?」と僕は尋ねた。

「従業員は、会社の利益をすべて自分たちに還元しようとしていますよ。いいんですか?」と彼は言った。

えっ?

僕は、その利益分配プログラムを中止にした。そのせいで、従業員からひどく恨まれた。

毎週の社内会議では、従業員がこんな無言のメッセージを発しているのを感じた。

〈デレクをここから追い出せ。そうすれば、面倒なことを指示されないようになる。私たちは彼の言うことに応じる必要なんてないぞ。彼が私たちの言うことに応えるべきなんだ！〉

そのとき初めて、仕事を任せすぎてはいけなかったのだと気づいた。

僕は、従業員に権限を与えすぎてしまった。すべてを丸投げして、コミュニケーションをまったく取っていなかった。そのために、社内には1人（僕）対85人（従業員）の対立構造が生まれていた。

僕は、彼らの不満のはけ口にされていた。

85人全員と関係を修復しようと考え、何百時間も話し合った。でも、恋愛関係の破局を経験したことのある人なら、いったん壊れると修復不可能な関係があるのをわかってもらえるのではないだろうか。

全員を解雇して、従業員を総入れ替えすることも考えた。会社をたたむことも考えた――仕事をしていても、楽しいと思えなくなっていたからだ。

『チョコレート工場の秘密』に出てくる工場主ウィリー・ウォンカみたいに、5枚のCDに5枚の「ゴールデンチケット」を入れて、それを引き当てた幸運な人に会社を譲渡するという突飛なアイデアまで夢想していた。

でも結局、僕は顧客と自分にとって最善のことをした。従業員とは関わらず、独りで会社の仕事を続けたのだ。ロンドンの友人の家に滞在し、CDベイビーの新しいソフトウェア機能を開発するプログラミング作業に集中した。

従業員とは、二度と会うことも、話すこともなかった。二度とオフィスも訪れなかった。

僕はこの経験を通じて、「abdicate」という言葉の意味をあらためて理解した。

これは、権力や責任を明け渡したり、放棄したりするという意味だ。この言葉は通常、王が王位や王座を退くときに使われる。

任せても、明け渡してはいけない。「委任はしても、放棄はするな」――。残念ながら、僕にとって、この教訓を学ぶのは遅すぎた。

僕はこうして、会社の終わりを悟った

僕は、自分の会社を売却することなど絶対ないと思っていた。

２００４年にナショナル・パブリック・ラジオの取材を受けたときも、「命の続く限りこの会社を続ける」と答えた。本気でそう思っていた。

２００７年、僕はＣＤベイビーのウェブサイトのソフトウェアのコードをゼロから書き直した。とても美しいコードを書けた。

僕がそれまでの人生で成し遂げた最も誇らしい成果は、このソフトウェアだった。設計がすばらしく、拡張性が高く、効率的だった。それまでの10年間でプログラミングについて学んできたことの、集大成だった。

リニューアルしたウェブサイトを公開し、慌ただしいクリスマス商戦を終えたあと、２００８年以降の計画についてじっくりと考えた。

どの計画も、労力の割には見返りがわずかしかないと思えるものばかりだった。でも、それらは将来の成長のためには必要だった。

僕は計画全体を約20個のプロジェクトに分割し、それぞれに2週間から12週間の期間を割り当てた。

でも、そのどれにもワクワクした気持ちを感じなかった。

すでに、CDベイビーを始めた当初に描いていた目標を、はるかに超えるところまできていた。僕は、自分にはもはや、それ以上の大きなビジョンがないことに気づいた。

翌週、会社の売却に興味はないかという問い合わせの電話が3社からあった。僕はいつものようにノーと答えた。10年間、同じ質問をされ、同じ答えを返してきた。

でも、会社を売ることについて、一度頭を白紙の状態にして、考えてみたいとも思った。そこでその週末、日記を開きながら、「もし会社を売ったらどうなるだろう？」と考えてみることにした。

それまで、何度かこの問題について思いを巡らせたことはあった。答えはいつも「まさか！　まだこの会社でやりたいことがたくさんある。これは僕の赤ちゃんだ。手放せるわけがない！」だった。

でも、今回は違った。

85人もの従業員を率いる責任がなければ、どんなに楽になるだろうと思った。会社を売れば、あらゆることから解放される。これまでとはまったく違う世界に身を置くことができる。新天地で、いろんな面白いことにチャレンジできるだろう。

それを考えると興奮した。

僕は気づいた。今の自分がさらに学び、成長するために必要な挑戦とは、会社を続けることではなく、手放すことだ、と。

この発見に驚いた僕は、マーケティング関連の著作で知られるベストセラー作家のセス・ゴーディンに相談した。セスは、「そうしたいのなら、売ればいい」と端的に答えた。

彼は、僕に熱心なビジョンがないために、顧客に迷惑をかけていると言いたかったのだと思う。たしかにそうだった。

もっとやる気のある人に会社を任せたほうが、みんなのためになる。そうすれば、全員が成長できる。

友人に電話して、僕がこの大きな決断をしようとしていることについて、逆の視点から質問をしてほしいと頼んだ。たとえば、「会社を売らなくても自由を手に入れる方法はあるのではないか？」といった具合に。

1時間ほどかけて、いくつもの質問をしてもらった。その結果、僕も友人も、僕にはもう会社を売る以外に道はないという同じ結論に達した。

人間関係が決裂したり、何かを卒業したり、引っ越したりしたとき、感情の糸が切れ、一切が遠い過去のように感じられることがある。

最低限の生活道具だけを箱に詰めて車に乗り、国境を越えて、遠い場所に向かって高速道路を走っているような気がした。ＣＤベイビーが、すでに遠く離れ、二度と訪れることのない故郷のようなものに思えた。

その日の終わりには、僕はもうderek@cdbaby.comではなくなっていた。

あいにく、離婚と同じく書類の手続きに時間がかかり、正式に会社を売却したのはその

7カ月先だった。2社に入札してもらい、結局、落札額は低いが、顧客であるミュージシャンのことをよく理解していると思われる会社を選んだ。

それは決してお金の問題ではなかった。その決断は、日記を書いたり、友人と話したりしながら、自分の心に問いかけた1日の終わりに下したものだ。迷いはなく、正しい決断をしたという手ごたえがあった。

その2008年1月18日の夜、僕はベッドに行き、数カ月分の浅い眠りを取り戻すかのような長い眠りに落ちた。目覚めると、次の会社の細かなアイデアで頭がいっぱいだった。

だけど、それはまた別の話だ。

僕がここで、自分が会社を売ることになった経緯を書いたのは、他の起業家から「会社の売り時はどうやったらわかるのか?」と何度も質問されたことがあるからだ。

僕の答えは「そのときがくればわかるよ」だった。

とはいえ、この詳しい体験談が、その気持ちを説明するのに役立つことを願っている。

会社を慈善団体に寄付した理由

友人同士の2人が、億万長者の豪邸で開かれたパーティーに参加していた。
「すごい。周りを見てみろ。この人は何でも持ってるぞ」と1人が言った。
「たしかに。でも、僕には彼が持っていないものがある」ともう1人が言った。「それは、〝十分の感覚〟さ」

会社を売却すると決めたとき、僕にはすでにこの〝十分の感覚〟があった。

僕は質素に暮らしていた。家も車も、テレビさえも持っていなかった。所有物が少ないほど幸せを感じた。モノがないからこそ、いつでも、どこにでも住めるという、何物にも代え難い自由を得られた。

だから、会社を売却することで大金を手にする必要はなかったし、そんな大金を欲しいとも思わなかった。シンプルで快適な生活ができるだけのお金があれば十分だった。

残りのお金は、音楽教育界に寄付することにした。僕は音楽教育を受けたことで、人生を変えられた。その恩返しがしたかったからだ。

僕は、「インディペンデント・ミュージシャンズ・チャリタブル・リメインダー・ユニトラスト（独立系ミュージシャン残余公益信託）」という慈善信託をつくった。

僕が死んだら、この信託の資産はすべて音楽教育に使われる。ただし僕が生きているあいだは、その価値の5％が毎年僕に支払われる。

売却の数カ月前、僕はCDベイビーとホストベイビーの所有権、および商標やソフトウエアなどの知的財産権を、すべてこの慈善信託に移した。

これによって、僕は自分の会社を取り戻すことが不可逆的にできなくなった。それはもう僕のものではなく、慈善信託のものだ。

その後、ディスク・メーカーズ社が、この慈善信託からCDベイビーの権利を買った。購入額は2200万ドル。これが音楽教育に役立てるための資金になる。

僕が会社を売る代わりに（僕がそれによって得る収入は課税対象になるので、税引き後のお金を慈善事業に寄付することになる)、会社の権利をいったん慈善信託に移し、それを他の会社に買ってもらうことで、約500万ドルの節税ができる(音楽教育に500万ドル多く寄付できる)。

僕が会社の権利を死ぬまで持ち続けるのではなく、すぐに慈善信託に譲渡することで、その非課税の資金を投資による複利効果で増やしていける。これもまた、最終的に音楽教育に多くのお金が寄付されることにつながる。

これを書いている理由は、「なぜ会社を手放したのか?」と尋ねられることが多いからだ。だから、ここで経緯を詳しく説明しておきたかった。

僕は特に利他的な行為をしたわけではない。何も犠牲にはしていない。僕はただ、何をしたら自分がハッピーになるかを学んでいただけだ。**このような形で会社を手放すのが、僕にとって一番ハッピーな方法**だった。

僕が人生で得てきた幸運の連続が、自分だけではなく、大勢の人を幸せにすることにつながる――それを実感することが、僕にとっての大きな幸せだ。

慈善信託に会社の権利を移すことで、あとで考えが変わっても取り返しがきかないようにした。そのような形で良い行いをしたことを、誇りに思っている。

資産が少ないので、くだらない訴訟の標的にされないという安心感も得られる。

会社が自分の手から離れているので、もう経営者としてばかな失敗をすることもない。

そうした重荷から解放されるという自由も手にできた。

けれども、会社を手放して得たもののうちで何よりも大きかったのは、「自分はこれで十分だ」という感覚を常に忘れずにいられることだ。

なぜ自分の会社を持つべきなのか

僕たちはみんな、遊べる場所を必要としている。
子どもには遊び場や砂場が必要だ。
ミュージシャンには楽器が必要だ。
マッドサイエンティストには実験室が必要だ。
ビジネスのアイデアを持っている人には？　そう、会社が必要だ。
お金のためじゃない。実験し、創造し、思考を現実に変えるための場所が必要なのだ。
人は、心から湧き上がってくる「やりたいこと」を追求しなければ、生きていけない。
興味深いアイデアや理論が山ほどあるなら、それらを試してみるべきだ。
最高に幸せな人たちは、ビーチでのんびりしていたりはしない。最高に幸せな人たちとは、面白い仕事をしている人たちのことだ。

好奇心に従うのは、ただ遊んでいるよりもはるかに楽しい。それは、働く必要がまったくない人にとっても同じことだ。

それが、会社を持つべき一番の理由だ。**会社は遊び場になり、楽器になり、実験室になる。**そこは、思い切り遊べる場所なのだ。

アイデアを頭の中から出して、現実の世界に実現させよう。

完璧な世界をつくる

僕はCDベイビーを、ミュージシャンにとって夢のような、完璧な世界をつくるために始めた。

そのプロセスで、このビジネスを自分自身の夢を叶える道具にすることの大切さも学んだ。

ビジネスは、芸術と同じくらいクリエイティブだ。型にはまる必要なんてない。**自分の個性を存分に発揮して、思い切り風変わりな何かをすることだってできる。**ビジネスは、創業者がどんな人かを体現するものなのだ。

何千人もの従業員を抱える億万長者になりたい人も、1人でずっと働き続けたい人もいる。シリコンバレーで有名になりたい人も、匿名のままでいたい人もいる。

どんな目標を選んでも、「それは間違っている」と言ってくる人がたくさんいる。でも、外野の声を気にする必要はない。

「自分は何をすればワクワクするのか、何をすれば消耗するのか」を知るために、細心の注意を向けよう。本当の自分らしくいられるときと、人の目を気にしてよく思われるように行動しているときの違いに注意しよう。

たとえ自分の好きなようにすることがビジネスの成長を遅らせるのだとしても、それでハッピーな気持ちになれるのならそうすればいい。会社を小さいままにしておくことも、自分で選択できる。

この本を読んで、会社が大きくなるにつれて、僕の話があまり楽しそうではなくなっていくことに気づいたのではないだろうか。それが、僕がこの10年間の経験を通じて学んだ教訓だ。

従業員が85人に増えたときよりも、5人でやっていたときのほうが幸せだった。それに僕は個人的に、1人きりで働いているときに、一番幸せを感じるタイプだ。

どんな会社をつくるにしても、それは自分の創造物であることを忘れないようにしてほしい。だからこそ、会社を通じて個人的な夢を叶えてほしい。

最後に

僕や僕のこれまでの仕事についてもっと知りたい場合は、デレク・シヴァーズの個人サイト「sive.rs」にアクセスしてほしい。すべて、そこに書いてある〔一部を翻訳して本書に収録〕。

質問があれば、「sive.rs/contact」からメールを送ってほしい。

——デレク

訳者あとがき

シヴァーズの名前は、ビジネス系の翻訳書に頻繁に登場する。

たとえば大ベストセラーとなったグレッグ・マキューンの『エッセンシャル思考』では、「絶対イエス！」か、さもなきゃノー」という彼の代名詞と呼べる考え方が紹介されている。

同じく日本でも大きな注目を集めたドリー・クラークの『ロングゲーム』では、やるべきことに追われるのではなく、物事をコントロールしながら生きることの価値を体現する例として登場している。

アメリカのベストセラー作家であるティム・フェリスも、本書について、「僕はこれまでに少なくとも10回以上は読んでいる。ハイライトを引き、コメントを書き加えた初期バージョンを今も持っているほどのお気に入りだ」と著書『巨神のツール　俺の生存戦略』で述べている。

また世界的なベストセラーとなったモーガン・ハウセルの『サイコロジー・オブ・マネー』にも、シヴァーズが友人から「どんなふうにしてリッチになったのかを教えてくれ」と尋ねられたときのことを回想するシーンが紹介されている。

シヴァーズは友人にこう説明したという。

「僕はマンハッタンのミッドタウンで、年収2万ドルのフルタイムの仕事をしていた。その額は最低賃金に近かった。(中略)当時の僕は、一切外食もしなかったし、タクシーにも乗らなかった。

月収にすると1800ドル稼いでいたが、生活費は月1000ドルほどに切り詰めていた。こんな生活を2年間続け、1万2000ドルを貯めた。22歳のときだ。

1万2000ドルを貯めた時点で、仕事を辞めてミュージシャンになるめどがついた。月に数回ライブをすれば、そのギャラで生活費をまかなえる。このギャラと貯金があれば、僕はもう昼間の仕事をする必要はない。自由になれるのだ。

実際、1カ月後に仕事を辞め、その後は一度も就職しなかった」

そう話し終えると、友人はその後の話が聞きたいんだと言ってきた。

僕は、「これがすべてだよ」と答えた。だが友人は、「違う。たとえば会社を売ったときはどうだったんだ？」と食い下がってきた。

僕は、それは僕の人生にとってたいした出来事ではないと答えた。銀行口座のお金が増えただけだ。

僕がリッチになった、つまり人生が根本から変わったのは、仕事を辞めた22歳のときだったからだ。

まさにシヴァーズらしいエピソードだ。つまり彼は、ＣＤベイビーを始める前から、すでにミュージシャンで生計を立てていることで、十分に「リッチ」な人生を生きていたというわけだ。

本書の原題「エニシング・ユー・ウォント」――自分の好きなようにやる、やりたいことはすべてやる――は、自分の人生を自分の思うとおりにデザインしていくというシヴァーズ最大のメッセージとなっている。

シヴァーズ自身もこの言葉どおりに生きる人であり、それこそ、本書が10年以上の長きにわたって大勢の読者からの熱い支持を受けている理由だろう。

シヴァーズは、会社は遊び場であり、楽器であり、実験室であると言う。そんな生き方を実現するためのカギは、「自分は何をすればワクワクするのか、何をすれば消耗するのか」を知ることに細心の注意を向け、本当の自分らしくいられるときと、人の目を気にしてよく思われるように行動しているときの違いに敏感になることだ。

シヴァーズの活動は多岐にわたるが、講演者としても活躍している。なかでも大きな反響を呼んだもののひとつが「社会運動はどうやって起こすか（How to start a movement）」というタイトルのTED動画だ。

彼はこの動画で、最初はたった1人が始めたことが、それに続くフォロワーが生まれることで大きなムーブメントになっていくことを、これ以上ないほど具体的かつ印象的な方法で示してみせている。

また彼は「あなたが失敗すべき理由（Why You Need to Fail）」と題した動画のなかでも、ある実験例を用いて、失敗することの価値を鮮やかに説明している。

インターネットで検索すれば簡単に見つけられるので、関心を持たれた方は、ぜひ見ていただきたい。シヴァーズの考え方や人となりがよくわかるはずだ。

なお、シヴァーズ自身も述べているように、本書の趣旨は、彼自身の考え方や方法をそのまま読者に受け入れてもらうことではない。

本書の真のメッセージとは、「誰もが自分自身の気持ちや考えに正直になり、自分らしさに基づいた自由な発想で生きるべき」というものだ。

そんなシヴァーズのことをみなさんに誤解なく伝えたいと考え、著者の許可を得て、シヴァーズの個人ウェブサイト「Derek Sivers」(https://sive.rs/)にある、2つの自己紹介の翻訳を付録として巻末に掲載した。「Me in 10 seconds(10秒で自己紹介)」と「Me in 10 minutes?(10分で自己紹介)」だ。

目標を決めたらまっしぐらにそれに向かって邁進するところ、物質面でも人間関係面でも無駄を嫌うところ、音楽を愛し、音に対する独自の感覚を持っているところ、幼い一人息子をとても愛しているところなど、彼の個性がよくわかり、本書の内容をより深く理解できるようになるはずだ。

翻訳に際しては、東洋経済新報社の佐藤朋保氏に大変的確なアドバイスをいただいた。心からお礼を言いたい。

児島修

付録

10秒で自己紹介

ミュージシャン、サーカス・パフォーマー、起業家、講演者。

じっくりと物事を考える。未知の世界を探索するのが好き。外国好き。自分とは異なる意見を聞くのが好き。

カリフォルニア育ち。現在はニュージーランド在住。

10分で自己紹介

僕はいつも、自分のためではなく、読者のために文章を書いている。だから、自分について何かを書くのは面映ゆく感じる。「自分自身について」何か書こうとしても、読者に直接役立つものではないと思って、ためらってしまうのだ。

それでもこのページでは、誰かの役に立つことを一切考えずに、自分自身のことだけを書くことにした。いつの日か、僕に残されたものはこのサイトだけになるだろう。だから、以下に、ささやかな自伝のようなものを記しておく。

僕の略歴

1969年	カリフォルニア州バークレーに生まれる。
1971年	シカゴに移住。
1973年	カリフォルニア州メンローパークに移住。
1975年	イギリス・アビンドンに移住。
1976年	イリノイ州ヒンズデールに移住。
1977年	ピアノ、ヴィオラ、クラリネットを習い始める。
1979年	黎明期のコンピューター「TRS-80」を手に入れ、プログラミング言語「BASIC」でのプログラミングに熱中。

1983年	ギターを弾き始める。ミュージシャンとして成功したいという夢を抱くようになる。
1987年	ボストンのバークリー音楽大学に入学。
1988年	サーカス団の一員となり、演出と司会兼ミュージシャンを務める。
1990年	大学を卒業。ニューヨーク市のワーナー・チャペル・ミュージックに就職。
1992年	会社を辞め、坂本龍一のギタリストとして日本ツアーに参加する。
1993年	オレゴン州の海岸で7カ月間一人暮らしをし、近くに人が2人しか住んでいない土地で作曲とレコーディングに明け暮れる。
1994年	自分のバンド「ヒット・ミー（Hit Me）」「プロフェッショナル・ペスト（Professional Pests）」を率い、ニューヨークや大学で演奏活動を行う。
1995年	レコード・レーベル、ブッキング・エージェンシー、レコーディング・スタジオを設立。
1996年	自分のアルバムをレコーディングし、リリースする。
1997年	「CDベイビー」につながるオンライン・ストアを開始。
1998年	10年間で約1000回の公演を行った後、サーカスを辞める。
1999年	「ホストベイビー（HostBaby）」を開始。

2000年	オレゴン州ポートランドに移住。
2002年	カリフォルニア州サンタモニカに移住。
2007年	苦難の1年。ロンドンに移住し、会社を手放すことを決意。
2008年	サンフランシスコに移住、CDベイビーとホストベイビーを売却。
2009年	ニューヨーク市に移り、執筆や講演中心の生活を始める。
2010年	TEDで1年間に3度講演。シンガポールに移住。
2011年	CDベイビーでの経験についての本『Anything You Want』を出版し、電子出版会社の「ウッドエッグ（Wood Egg）」を立ち上げる。
2012年	息子が誕生。
2013年	ニュージーランドに移住。豊かな自然の中、ほぼフルタイムで育児をする。
2014年～2018年	長期休暇。この期間中に、3万3776人から受け取った9万2354通のメールに返信。
2017年	『How to Live』の執筆を開始。
2019年	イギリス・オックスフォードに移住。
2020年	ニュージーランドに戻り、『Your Music and People』と『Hell Yeah or No』を刊行。

2021年　これまでの自著の中での最高傑作、『How to Live』を書き上げ、刊行。
2023年　『Useful Not True』の執筆に取り組む。再び旅に出る。

僕について

精力的に創作に集中している

僕は、たくさんのものをつくることにとりわけ意欲がある。記事、本、ウェブサイト、音楽、会社、システム、アプリをつくり、そして何より新しいアイデアを生み出したい。

それを優先させることが、僕の人生の大きな判断基準になっている。それ以外のほとんどのことはしないようにしているので、何かをつくるための時間はたくさんある。

14歳の時、ミュージシャンとして成功すると決めた。何百万もの人が同じ夢を描くけれど、それを叶えられるのは100万人に1人だということも知っていた。

だから、オリンピック選手のように猛烈に集中し、粘り強く努力し、技術や知識を高め、練習しなければならないと覚悟した。容易な気持ちで取り組むべきではない、と。

14歳から29歳まで、ミュージシャンとして成功することに全身全霊を注いだ。それは人生の重要な時期で、友人の多くは将来の道に迷っていた。

僕は早起きして楽器の練習をし、夜遅くまで曲をつくり、音楽以外の誘惑にはすべてノーと言い、成功に役立ちそうな本や記事を読み漁った。その後、29歳の時に偶然起業することになった。

それから39歳までの10年間は、この事業を育てることに専念した。

僕は**学ぶこと**にも意欲的だ。特に、考え方や人生への様々なアプローチを学びたいと思っている。だから、ノンフィクションの書籍をたくさん読むし、世界中を旅し続けたい。

付き合いがあるのは、何かに挑戦し、努力し、成長している人たちだ。くつろいだり、ダラダラしたり、テレビを見たり、パーティをしたりしてばかりの人たちとは一緒にいられない。

これまでの人生では、創造と学びを何よりも優先してきた。大きな目標を達成するために、普通の人がしているようなこと（無為に時間を過ごしたり、メディアの情報をただ消費したりすること）は、ほとんどしてこなかった。

僕の人生哲学

大きな野心を抱いていたこともあって、昔から一風変わった生き方をしてきた。けれども、ストア派哲学に関する本を読んで、自分がそれほど特殊ではないと気づいた。

僕が自分自身で培ってきた人生哲学は、この古代の哲学とほぼ同じだった。特に、困難な未来のために自分を鍛えるというところが最大のポイントだ。

しかし、僕はとても懐疑的な人間でもあり、そして懐疑主義というのもまたひとつの哲学であるという事実に驚いている。つまり、**このページに書いていることのほとんどの内容は、その逆も成り立つということだ。**

僕は自分自身に言い聞かせていることを完全には信用していない。嘘をついているというわけではない。それは、あくまでも、そのときの自分にとって真実だということだ。

視点を変えれば、その反対の意見もまた正しいと思えることがある（僕はこれを意図的に行うことがある。違う視点を得るために、あえて自分の考えとは逆のことをするのだ）。

僕の人生哲学についての詳細は、『How to Live』という本に詳しく書いている。このタイトルは反語的なものだ。なぜならこれは、万人に対して「どう生きるか（How to Live）」を説く本ではないからだ。よければ買って読んでみてほしい。

お金を稼ぐためには働いていない

僕は2008年以来、お金をほとんど稼いでいない。だから、リタイアしたと言う人もいるかもしれない。

ある意味では、そのとおりだ。僕はすでに手にしている以上のお金は欲しくない。これ以上の名声も評判もいらない。外発的な動機は一切不要だ。

その点からすると、僕はたしかに「働いて稼ぐ」という人生のフェーズを終えている。リタイアしていて、お金のために働くことはない。

今、僕が望んでいるのは完全に内発的で知的なことだ。今でもこれまでと同じように懸命に何かに取り組んでいるが、それは自分自身の学びや創造のためであり、誰かに何かを与えるためのものだ。

独りきりで1日12時間以上働くことが大好き

僕は朝6時から夜の10時まで、誰にも邪魔されず、途中でちょっとした運動を挟むだけで、ぶっ通しで仕事をして過ごす1日が大好きだ。今も昔もそれは変わらない。こんなふうに起きている間じゅう働く日が多ければ多いほど、幸せだと感じる。

「仕事」という言葉を使っているのは、そのほうがわかりやすいからだ。でも、それは実際には「自分の時間」、つまり好きなことをしている時間だ。**書くこと、学ぶこと、改善すること、創造すること**。対象が音楽であれ、ウェブサイトであれ、本であれ、会社であれ、僕にとってそれは何かを創造することにほかならない。

「仕事中毒(ワーカホリック)」という言葉が当てはまるかもしれない。ただし、僕の場合それは仕事ではなく遊びだ。それは完全に内発的なものであり、自分の興味に従っているだけだ。自分の好きなことを見つけて、できる限りそれをやっている。

僕はこれを独りで追求するのが好きだ。誰かと一緒にいると疲れるし、自分が人生で大切にしていることを誰かのために妥協したくない。これは極めて個人的な追求だ。ビジネスではなく、アートのようなもの。報酬は内面的なものだ。

小説家が独りで執筆していても、誰もとやかく言わない。けれども、起業家やプログラマー、ミュージシャンは他人と協力すべきだと考えられている。

僕はこの考えに反対だ。プログラミングをするときも、作曲をするときも、システムをつくるときも、小説家のように独りで作業したい。

1日12時間、週6日くらいやるのが理想的だ。週に1日は重力を断ち切って、無理やりにでも他のことをするようにしている。最初は抵抗を感じたけれど、次第にその価値がわかるようになった。

この「仕事」のほかに、毎日3時間程度、書き物をしている。内省し、空想し、計画をする。自問自答し、様々なアイデアを試す。僕の学びはすべてここで起こっているような気がする。

典型的なアメリカ人

40歳でアメリカを離れるまで、広く文化的な意味で、自分が次に挙げるような特徴を持つ、典型的な(正確には、西海岸の)アメリカ人であることに気づかなかった。

● 根っからの個人主義者
● 仕事が生きがい
● 家族との結びつきが弱く、根無し草のように生きる
● 伝統を嫌う
● 食事はいつも数分で終わる
● 感情の扉が開きやすい
● 新しいアイデアや人を求めている
● いつも笑顔を浮かべていて、物事の明るい面に目を向けようとする

母国を離れ、世界市民として生きている

僕は6歳になるまで、父の仕事の関係で、毎年のように遠くの土地に引っ越していた。僕にとっては普通のことだったので、それが途切れたときにはひどく悲しかった。

6歳の時、母に、ここにいつまでいるのかと尋ねると、「5年か10年くらいかな。もしかしたら一生ここで暮らすかもよ」という答えが返ってきた。

僕は泣きじゃくった。

新しい土地に移り続けるのを止めるのは、僕にとってこれ以上ないほど悲しいことだった。今でもそうだ。

40歳になるまでは、1、2年ごとにアメリカ中を転々としていた。バークレー、シカゴ、ボストン、ニューヨーク、ウッドストック、ポートランド、サンタモニカ、サンフランシスコ。そして、自分が瓶の中のハエのようなものだと気づいた。

蓋を開けて、世界を探検する時だと思った。人生の最初の40年をアメリカで過ごしたので、次の40年は国外で過ごしてみたかった。

当初考えていたのは、半年から1年単位で世界中の様々な場所に移住しながら、人生の残りの40年間を過ごすというものだった。それぞれの土地に溶け込み、故郷のように感じられるようになってから、別の土地に移り住みたい、と。

でも、そのような暮らしを始めてまもなく、子どもが生まれて父親になった。その子を産んだ女性は、僕の移住計画を好んでいなかった。だから、計画は変更することにした。

結局、シンガポール、インド、ベルギー、ニュージーランド、イギリス、ポルトガルの合法的な居住者や市民になり、それぞれの土地で数年間暮らした。どの国も、今では故郷のように感じられる。この故郷の感覚を、世界の隅々にまで広げていきたいと思っている。

息子も、このような生き方が普通だと感じている。僕がそうだったのと同じように。

僕は、どんなに「この土地が大好きだ！　ずっとここにいたい！」と思っていても、1、2年で引っ越したくなる。家を買うべきタイプの人間ではない。

直接会うより、電話で話すほうが好き

ここまで読んで、僕のことを世捨て人のように思ったかもしれない。でも、そんなことはない。直接会った人のほとんどからは、とても外向的な人間だと見なされる。

僕は相当の話好きで、特に、1対1で話すのをとても楽しんでいる。

とはいえ、僕にとって社交の時間は1日2、3時間で十分だ。それ以上になると疲れて、独りに戻りたくなる。だから、昼夜を問わず、ただ時間をつぶすために誰かと一緒にいることには興味がない。

電話で話すほうが集中しやすい。1時間あたりに浮かんでくるアイデアの数も多い。僕にと

っては、有効な時間の使い方だ。周囲に気を取られることなく、会話に集中できる。話題が尽きたら、その日はそこで終わりにして、また別の日に話せばいい。

それに、僕は人の声が好きだ。目を見なければ、相手のことがわからないという人もいる。僕は違う。僕にとって、相手の声が何より大切だ。

今の親友のうち2人とは、直接会ったことがない。

1人は香港に、もう1人はリトアニアに住んでいる。電話ではもう何年も話しているけど、会ったことはない。テレビ電話もしない。声だけのコミュニケーション。それで十分だ（僕が、映画『ｈｅｒ／世界でひとつの彼女』〔人工知能に恋する男性を描いた、２０１３年公開のアメリカ映画〕が大好きなのもそのためだ）。

ここでも、息子はこのルールの例外だ。彼とは週に30時間ほど一緒にいるし、一度に6時間ほど同じ場所で過ごしたりする。でも、それはあくまでも例外だ。

ミニマリストである

僕は無駄が嫌いだ。必要以上のモノを保有しているという感覚が好きではない。ごちゃごちやした感じがする。

だから、たとえばズボンを1枚しか持たず、小さなアパートに住み、皿が2枚しかなく、ポンコツだが問題なく動作する7年前のノートパソコンを使っているような、ミニマリスト的な生き方をしている。

これはＩＴ技術との関わりにも当てはまる。自分が運営しているウェブサイトで1行でも無駄なプログラミングコードがあれば削除するし、開発用のフレームワークやライブラリも使わずに手書きでサイトを開発する。

執筆でも同じ。12時間かけて記事を書き、いったん頭の中にあることをすべて文字にしてから、本当に必要な言葉だけになるように削っていく。

特定のＩＴ技術に依存しない

僕は1994年にインターネットを使い始めた。その間、多くのＩＴ企業が倒産し、その企業のサービスを使っていたユーザーのデータが消えてしまうのを何度も目の当たりにしてきた。

だから、ＩＴ企業を信用していない。クラウドのサービスは使わず、すべてを自分のサーバーで運用している。

完全にオープンソースで、非営利のＩＴ技術しか使わない。それ以外の、いつサービスが終わるかもしれないＩＴ技術を長期的に使い続けることに価値を見出せないからだ。

だから、テキストエディタは「Vim」、オペレーティングシステムは「OpenBSD」、データベースは「PostgreSQL」、プログラミング言語は「Ruby」、ブラウザは「Firefox」を主なツールとして使っている。

同じ理由で、スマートフォンではアプリを使っていない。自分の生産性をアプリに依存したくはない。スマートフォンはなるべく使わないようにしている。

友人に電話したり、ＧＰＳ機能を使ったりするときには利用するが、メールやＳＮＳのためには使わない。ほとんどの時間は機内モードにしているし、寝る1時間前には電源を切り、朝の書き物を終えたあとで電源を入れるようにしている。

現在の創造や学習の目標はすべて、前述したツールを使うことで達成できる。だから、「常に新しいツールを探し回る」という時間を浪費する習慣を避けている。

家族に興味がない

そのせいで、さんざん非難を浴びている。

家族を憎んでいるわけではない。でも、愛してもいない。家族は元気に暮らしている。でも、彼らを身近に感じたことはない。子どもの頃からそうだ。

「血は水より濃い」という比喩には共感できない。僕は、誰とでも平等につながっていると感じている（それに、遠くの祖先まで遡れば、人類全員がいとこ同士だと言えなくもない）。

肉親に対して、他人よりも強い結びつきや義理を感じてはいない。そもそも、僕は好奇心が強く、身内よりも外の世界に目を向けたいタイプの人間だ。

親戚は全員、オレゴン州ポートランドで近所に寄り集まって暮らしている。僕は一族の厄介者だ。

僕は友人をつくるのが得意だ。友人は、そのときの生活状況に応じて入れ替わっていく。身近にいること、興味の対象が似ていることが友人関係を深めるきっかけになるが、住む場所も、興味の対象も時間の経過とともに変化する。

親友は遠くに住む旧友になり、新しい友人が親友になる。結婚して疎遠になる友人もいれば、離婚して再びつながる友人もいる。日常的に話をする機会があろうとなかろうと、僕は友人たちのことが大好きだ。

僕は自分の子どもに強い愛着がある。でも、彼には僕に対して同じような愛着を感じてほしいとは思っていない。たとえそれが実の親であれ、誰かとの関係に特別な縛りのようなものを感じてほしくはない。

彼が外の世界に出て、誰かと新しい絆を築き、僕に一切の義理も感じずに生きていくことを願っている。彼は僕に何の借りもない。彼の人生は彼のものだ。自分の意思で生まれてきたわけでもない。僕に恩義を感じる必要はない。

1週間に30時間以上、息子と過ごしている

12年前に息子が生まれて以来、週に30時間以上は一緒にいて、愛情を注いできた。つまり現在までに約1万9000時間、そんなふうに過ごしてきたことになる。

一緒にいるときは、テクノロジー機器を使わないようにしている。他には誰もいない。2人きりで、彼が望むことをさせている。

息子は一人っ子で、僕は実質的にリタイアしていて、一人親として彼を育てている。友人からは、このようなケースはとても珍しいと言われる。

これまでの人生で、誰かとこれほど親密になったことも、これほど長い時間を一緒に過ごしたこともない。僕たちは何でもオープンに話すし、何でも一緒にやる。間違いなく、息子は僕の人生最愛の人だ。

音楽について

僕は生演奏が好きではない(そんなことを言うと、ひどく嫌われるのも知っている)。大好きなのは、録音された、すぐれた音楽を聴くこと。

他人との関わりでも1対1の会話を好むのと同じように、僕は音楽との関係も1対1を好む。純粋に音楽と向き合い、聴くことを堪能したい。周りに大勢の人がいるのも嫌だし、聴いているときに他のことに気を取られたくもない。

理想は、リスナーとミュージシャンとの1対1の関係をさらに突き詰めて、1対0の関係になること。つまり、ミュージシャンが誰かがわからない状態だ。ミュージシャンの経歴などに気を取られることなく、音楽そのものに集中できる。

僕の音楽への関心の大部分は、音楽制作者としてのものだ。僕は音楽に精通している。バークリー音楽大学を卒業し、様々な音楽理論を知り尽くしている。レコーディング・スタジオを12年間経営し、何百件ものレコーディングのプロデュースやエンジニアリングを手掛け、その多くですべての楽器を自分自身で演奏した。

だから音楽を聴くとき、分析的になりがちだ。たとえば、目の前で誰かが曲を演奏し、「どう思う?」と尋ねてきたら、「自分だったらその曲をどんなふうにつくっただろう」と考えてしまう。

自慢しているのではない。むしろ、最悪なことだと思っている。ほとんどの音楽のシチュエーションと相性が悪い。

では、音楽のどんなところが好き?

●楽器の斬新な組み合わせ　僕は、楽器のユニークな組み合わせが大好きだ。今まで聴いたことのないような新しいサウンドに強く惹かれる。ギター、ベース、ドラムだけで構成されたロックバンドの、ありきたりの音楽を聴くのは辛い。もっと創造的なものを求めている。

●**楽曲の構成**　大工がよくできたテーブルに感心するように、僕も巧みにつくられた曲に感心する。僕は15年間、最高の曲を書くために心血を注ぎ、曲づくりについてのあらゆることを学ぼうとした。だから、すぐれた曲は高く評価する。

●**すぐれたレコーディング**　右記と同じ理由。何年も音楽のレコーディングをしてきたので、プロデュースやエンジニアリングにすぐれたレコーディングに価値を見出す。

●**新しいアイデア**　音楽を通じて感情を吐き出すことには興味がない。感情表現には感銘を受けない。凡庸な曲や歌詞で悲しみや辛さを表現する曲なら、数えきれないほど耳にしてきた。新しいアイデアや、新しい切り口がないと、その音楽には興味を持てない。

その他

●**シングルタスク**　僕は一度にひとつのことだけに没頭する。何時間、何カ月、何年かかろうが、それを完成させることに集中する。子どもの頃からずっとそうだ。

●**長期的な視点で物事を考える**　ティーンエイジャーの頃、「なんでタトゥーやピアスをしていないの？」とよく友人にからかわれたが、その度に「80歳になったときに、後悔しないだろうか？　後悔するなら、そんなことをする必要はない」と考えた。だから、未だにタトゥーもピアスもしていない。僕の現在の生活は、未来の自分のためにある。僕は刹那的に物事を考えず、将来を見据えて行動する。

●女性が好き　親友のほとんどは女性だ。ジェンダーの固定観念に縛られるのは嫌い。

●中毒になるものには気をつけている　飲酒、携帯電話、ネット、ゲームなど、中毒になりやすい不健康な習慣は避けている。

●ごく限られたことだけに関心がある　僕にとって大切なのは、ごく少数の人たちと、限られた興味の対象だけ。それ以外のものは遠ざけている（そのことは、著書『Hell Yeah or No』にも詳しく書いた）。シンプルで自分に正直な生活をしている。

●争いごとは避ける（過度なくらいに）　喧嘩は嫌いだ。何か気に入らないことがあったり、誰かと対立したり敵対的な関係になったりすると、僕はその場を立ち去る。独りでいるのが好きなので、苦手な人や状況とわざわざ関わろうとすることはめったにない。

●計画的に生きる　僕は、「人間、なるようにしかならない」というような姿勢で生きることには納得できない。何も考えずにただ流されていくのでは、死んだ魚みたいなものだ。僕は求めるものを手に入れるために、自分の意思で生き方を変えていきたい。受け身でいるのは嫌だ。

●騒音が嫌い　僕はいつも静寂を求めている。人混みや都会、バー、パーティ、路上などは苦手だ。13歳の時に、大音量のコンサートで聴覚を傷めた。以来、耳の中で大きな音が鳴り続けている。そのせいかどうかはわからないが、人混みでは人の声を聞き分けられない。だから、騒がしい場所で人に会うのは、僕にとって意味がない。相手が何を言っているのかが理解できないからだ。僕が1対1の静かな会話を好むのも、そのためだ。ジムにも、営業時間が終了した夜遅くに行き、特別に使わせてもらっている。そうすれば、静かにトレーニングできる。

●1時間たりとも無駄にしたくない　僕は時間の大切さを感じることが多い。自分の1時間には1000ドルの価値があると考え、「この1時間には1000ドルの価値があるか？」と考える。テレビを見る？　もちろん、そんな価値はない（ドラマシリーズの『ゲーム・オブ・スローンズ』を全話見るには70時間かかる。つまり、7万ドルかかるということだ）。SNS？もちろんノーだ。学びや創作に集中する？　合格！　子どもと一緒に過ごす？　常にその価値はある。

【著者・訳者紹介】

デレク・シヴァーズ（Derek Sivers）

1969年生。米カリフォルニア州出身。幼い頃からロック・ミュージシャンを志し、ボストンのバークリー音楽大学に入学。卒業後は若くしてプロミュージシャンとして音楽で生計を立てる（坂本龍一の日本ツアーにもギタリストとして参加）。

1998年、自分のCDをオンラインで販売してくれる業者がなかったことをきっかけに、インディーズ系CDのオンライン販売サイト、「CDベイビー」を自ら立ち上げる。2008年、同社を2200万ドル（2024年のレートで約33億円）で売却。

現在は世界各国を数年おきに移住しながら、執筆・講演などを中心として精力的に活動を続けている。CDベイビーの起業から売却までの体験に基づいて自らの経営哲学、人生哲学を記した著書『Anything You Want』はビジネス界に大きな影響を与え、自由な生き方を求める若い世代にも熱く支持され続けている。

他の著書に『Useful Not True』『How to Live』『Hell Yeah or No』『Your Music and People』（いずれも未邦訳）。現在はニュージーランドの豊かな自然の中、幼い息子と2人で暮らしている。

児島　修（こじま　おさむ）
1970年生。英日翻訳者。訳書に『全員“カモ”』『マッピング思考』（以上、東洋経済新報社）、『サイコロジー・オブ・マネー　一生お金に困らない「富」のマインドセット』『DIE WITH ZERO　人生が豊かになりすぎる究極のルール』（以上、ダイヤモンド社）など。

エニシング・ユー・ウォント
すぐれたビジネスはシンプルに表せる

2024年7月2日発行

著　者——デレク・シヴァーズ
訳　者——児島　修
発行者——田北浩章
発行所——東洋経済新報社
〒103-8345　東京都中央区日本橋本石町1-2-1
電話＝東洋経済コールセンター　03(6386)1040
https://toyokeizai.net/

装　丁…………井上新八
D T P…………アイランドコレクション
印刷・製本……丸井工文社
編集協力………島村裕子
編集担当………佐藤朋保
Printed in Japan　ISBN 978-4-492-04768-2